Frank&Frei

Andreas Tögel

Schluss mit LUSTIG

Wie die Babyboomer die Zukunft der Jugend ruinieren

Mit einem Geleitwort von Rahim Taghizadegan

„Der Wohlfahrtsstaat ist eine Methode, die Leute mit ihrem eigenen Geld vom Staat abhängig zu machen."

Gerd Habermann

Das vorliegende Buch enthält erstmals veröffentlichte Gedanken, eine Kompilation von Texten, die bereits in verschiedenen anderen Publikationen seit 2015 erschienen sind, und die Zusammenfassung einiger vom Verfasser gehaltenen Vorträge.

Inhalt

Vorwort von Werner Reichel	9
Geleitwort von Rahim Taghizadegan: Eine Anthropologie des Wohlfahrtsstaates	13
Einleitung	21
1. Der Wohlfahrtsstaat infantilisiert die Gesellschaft	29
2. Populismus – ein missbrauchter Begriff	49
3. Die totale Verwirrung – die EU-Querschnittspolitik des Gender Mainstreamings	67
4. Eskapismus – Vermassung, Vereinzelung und die Folgen	83
5. Zurück in die Vormoderne	105
6. Demokratie und politische Parteien – Wer sich nur zwischen Pest und Cholera entscheiden kann, hat gar keine Wahl	129
7. Das Elend des Wohlfahrtsstaates	141
8. Zur Frage von links und rechts	155
9. Die „Flüchtlingswelle" – ein Brandbeschleuniger	163
10. Tit for Tat – Gedanken zur „Todesstrafe"	175
11. Vom Elend politischer Anmaßung am Beispiel des Euro	183
12. V wie Vendetta – Es lebe die Anarchie!	187
Schlusswort	197

Die Autoren	203
Verwendete und weiterführende Literatur	205
Impressum	209

Vorwort von Werner Reichel

Wer Antworten auf die drängenden Fragen und Probleme der Gegenwart sucht, wird in unserer politisch korrekten Gesellschaft in der Regel mit den immer gleichen und gut vorgekauten Erklärungen abgespeist. Sozialistische Dogmen sind in weiten Teilen Europas längst zu unumstößlichen Wahrheiten geworden, obwohl es die ranzigen, linken Rezepte und Utopien sind, die unseren Kontinent dorthin geführt haben, wo er heute steht: direkt am Abgrund.

Davon lässt sich der gemeine europäische Bürger wenig beeindrucken, er will, ja, er muss fest daran glauben, dass alles wieder gut oder sogar besser wird, wenn man nur die Dosis des kollektivistischen Giftes weiter erhöht. Das predigen in weitgehender Eintracht Vertreter aus Politik, Medien, Kultur und Wissenschaft Tag für Tag. Unterm Strich sind es stets die Kapitalisten, die Neoliberalen, die Amerikaner oder der freie Markt, die schuld an allem Unheil auf diesem Planeten sind. Da sind sich die Sozialisten auf beiden Seiten des politischen Spektrums weitgehend einig. Es sind immer dieselben Sündenböcke, mit denen sie von ihrem eigenen politischen Versagen ablenken wollen. Darin erschöpft sich die rezente politische und intellektuelle Debatte. Entsprechend traurig ist das Niveau an Universitäten, Schulen, Theatern, in Literatur, Film, Unterhaltung und Medien. Die direkten Folgen dieses geistigen und kulturellen Kahlschlages kann man zudem in den großen und mittlerweile auch weniger großen europäischen Städten hautnah miterleben.

Dass es abseits dieser eingefahrenen Denke, abseits der simplen Weltsicht und des kollektivistischen Wohl- und Sicherheitsgefühls noch andere und weitaus gewinnbringendere Standpunkte gibt, ist den Bewohnern der europäischen Meinungswüste nicht bewusst. Unter anderem deshalb, weil es im deutschsprachigen Raum keine liberale Tradition gibt, obwohl sich die herrschende linke Klasse und diejenigen, die ihr angehören wollen, gerne als „liberal" ausgeben, einschließlich der Wähler der Grünen oder der linksextremen Liste Pilz. Man schmückt sich mit dem Attribut „liberal", weil alleiniges Linkssein, doch irgendwie armselig wirkt und nach Loser klingt, und sehnt sich in Wahrheit nach einem starken Obrigkeitsstaat, der sich um alle wichtigen Dinge des Lebens kümmert. Von der Wiege bis zur Bahre.

Dem freien Markt, dem Leistungsprinzip, der Eigenverantwortung, kurz: der Freiheit, misstrauen all die Möchtegern- und Viertelliberalen zutiefst, sie haben Angst vor ihr. Eigenverantwortung, Selbstbestimmung und Freiheit haben keinen hohen Stellenwert in unseren Breiten. Man begibt sich lieber in die Obhut des Nanny-Staates, auch wenn das bedeutet, wie Kind behandelt zu werden. Letztendlich vertrauen Durchschnittseuropäer dem Staatsapparat mehr als den eigenen Fähigkeiten. Das würde man aber nie zugeben, weshalb all die Etatisten, Kollektivisten und anderen Staatsgläubigen vorgeben, die Freiheit zu lieben, obwohl sie die trügerische Sicherheit, die ihnen die Sozialisten aller Parteien versprechen, vorziehen. Diese politische Verantwortungslosigkeit der Bürger ist ein Freibrief für die Herrschenden. Die Macht, die ihnen die ängstlichen Kinder freiwillig übertragen, nutzen sie schamlos für ihre eigenen Zwecke und Interessen aus.

Vor allem die Intellektuellen und Künstler sind in hohem Maße vom Staat, seinem Wohlwollen und seinen finanziellen Zuwendungen abhängig, weshalb es auch so wenige Geister im Kultur- und Medienbetrieb gibt, die aufrecht für Freiheit und Individualismus kämpfen. Andreas Tögel ist einer von ihnen. Er gehört zu der äußerst seltenen Gattung der liberalen oder besser gesagt der libertären Geister und Denker. Er steht fest auf dem Boden der „Österreichischen Schule", von der die meisten Österreicher - Politiker inklusive - nicht einmal wissen, worum es sich dabei überhaupt handelt. Als Vertreter dieser Denkrichtung hat er es als Autor nicht leicht, er sitzt zwischen allen Stühlen. Sozialisten, egal ob nationale oder internationale, mögen keine Liberalen. Seit vielen Jahren schreibt er gegen den politisch korrekten, linken Zeitgeist an – in konservativen, rechten, liberalen und libertären Medien. Und das aus purem Idealismus, denn in diesem abgelegenen und kleinen Teil des publizistischen Spektrums fließen keine Werbegelder.

Wer in Österreich kein bekennender Linker ist, wird vom tiefen Staat gerne als Menschenfeind und böser „Rechter" denunziert. Nichts könnte falscher sein. Andreas Tögel ist, er verzeihe mir dieses mittlerweile versaute Wort, eine Bereicherung für dieses Land. Das beweist er unter anderem mit diesem Buch. Es enthält neben neuen Texten auch welche, die er in den vergangenen Jahren veröffentlicht hat, auch bei Frank&Frei. Für Menschen, die im sozialistischen Europa groß geworden sind und auch nie einen Blick über den ideologischen Tellerrand gewagt haben, eine schwer verdauliche Lektüre. Ja, es gibt abseits sozialistischer Trampelpfade auch Wege, die man beschreiten kann, und die uns nicht in dunkle, vormoderne Zeiten zurückführen.

Werner Reichel
Verlag Frank&Frei

Geleitwort von Rahim Taghizadegan
Eine Anthropologie des Wohlfahrtsstaates

Seit Anbeginn des Wohlfahrtsstaates warnen Ökonomen vor Finanzierungsproblemen und einer Verschuldungsspirale. Warum konnten diese Argumente bislang nicht überzeugen? Für die meisten Menschen ist der Wohlfahrtsstaat eine anthropologische und moralische Notwendigkeit, daher beeindrucken ökonomische Argumente kaum. Der Mensch kommt als das lebensunfähigste Tier auf die Welt und erfährt von klein auf Abhängigkeit und Fürsorgeverantwortung. Als soziale Wesen empfinden wir instinktiv, dass es gelegentlich nötig ist, als Individuen materiell zurückzustecken, um das Überleben der Gruppe zu gewährleisten. Unser Hirn ist, wie schon Friedrich A. von Hayek erkannte, denkbar schlecht auf das Leben außerhalb einer engen Sippengemeinschaft ausgelegt. Der Wohlfahrtsstaat ist ein Antwortversuch auf dieses unbewusst empfundene Dilemma in modernen, anonymen Gesellschaften. Hegel brachte diesen Zwiespalt am besten auf den Punkt, als er die Kernaufgabe des modernen Staates und damit des Wohlfahrtsstaates darin erkannte, eine Synthese zwischen Liebe und Freiheit zu bilden: das heißt, die Fürsorglichkeit der Sippe zu erfahren, ohne den Beschränkungen der Sippe ausgeliefert zu sein. So kommt es, dass der Wohlfahrtsstaat schon früh auch liberal begründet wurde: als Mindestmaß institutionalisierter Fürsorge, die erst die anonyme Freiheit einer großen Gesellschaft erlaube.

Es sind im Wesentlichen drei anthropologische Prämissen, die den Wohlfahrtsstaat als notwendiges Projekt erscheinen lassen, das grundsätzlich jeden Preis wert sein müsse – und damit über der

Ökonomie stehe. Am Anfang steht die These, dass eine plötzliche Häufung von Not freiwillige Strukturen, die eher dezentral und gemeinschaftlich sind, überfordere. In der Neuzeit nehmen solche Häufungen durch die wachsende Tragweite politischer und ökonomischer Wechselfälle zu. An der Geburtsstunde des Wohlfahrtsstaates steht vielfach die politische Aufhebung der Klöster, der bis dahin größten Nothilfestrukturen jenseits der engen Sippenkontexte. Natürlich lässt sich hier einwenden, dass da wohl der Staat die Bedürftigkeit vielfach erst geschaffen hatte, mit der er seine spätere Fürsorge legitimierte. Doch das wird die wenigsten Menschen überzeugen: Das moralische Gebot, Menschen in Not in größtmöglichem Maße – und daher eben auch systematisch von Staats wegen – zu helfen, wird durch die gegensätzliche Bewertung politischer Ursachen nicht aufhoben.

Gemeinhin wird die exponentielle Erhöhung der Sozialausgaben als Indiz der sich rapide verschlechternden sozialen Lage vieler Menschen interpretiert. Von dieser Korrelation ausgehend, läge es aber auch nahe, auf eine paradoxe Kausalität zu schließen. Könnte es sein, dass der Wohlfahrtsstaat selbst Bedürftigkeit produziert? Eine ökonomische Anreizanalyse motiviert dies, wie eine Anekdote aus Vietnam verdeutlicht: Um einer Rattenplage Herr zu werden, bot die Regierung Prämien für die Schwänze toter Ratten. Damit stieg aber der Wert von Ratten, die daraufhin von den Rattenfängern zwar ihres Schwanzes entledigt, aber tunlichst nicht an der Vermehrung gehindert, geschweige denn getötet wurden. Die Zahl der Ratten wuchs dadurch noch weiter an.

Ist es zynisch davon auszugehen, dass als Folge bedarfsabhängiger Förderung die Bedürftigkeit gezielt erhöht wird? Krankt die Ökonomie schlicht an einem negativen, allzu pessimistischen Menschenbild? Tatsächlich handelt es sich hierbei jedoch nicht um ein einseitig negatives Bild vom Menschen, sondern um ein realistisches: Der Mensch war schon immer von Natur aus darauf angewiesen, ein Opportunist zu sein. An Kraft oder Schnelligkeit können wir es mit den Tieren nicht aufnehmen. Der Mensch ist, wie sich an Naturvölkern noch zeigt, ein beobachtender, wartender und verfolgender Jäger, der den kleinsten Vorteil zu seinen Gunsten ausnutzen muss. Eine plausible These zur evolutionären Entwicklung unseres Gehirns geht noch weiter: Unser Intellekt könnte direkt an der Notwendigkeit gewachsen sein, Tiere und unsere Mitmenschen zu überlisten. Da unser Überleben darauf beruhte, kann man dies dem Menschen schwerlich anlasten.

So ist es naheliegend, dass bedarfsabhängige Sozialleistungen die Pauperisierung nicht mindern, sondern verstärken. Unter Pauperisierung versteht man nicht unmittelbar Verarmung, sondern die Überhandnahme eines Bettlerdaseins, welches vom Wohlstandsniveau gänzlich unabhängig und eher psychologischer Natur ist: hohe Zeitpräferenz, geringe Sparneigung, geringe Eigenverantwortung. Ayn Rand schilderte diese psychologische Dynamik besonders klar anhand der Umstellung der Entlohnung in einem fiktiven Unternehmen, nach der jeder nach seinen Fähigkeiten arbeiten und nach seinen Bedürfnissen bezahlt werden sollte:

„Wissen Sie, was dieser Plan bewirkte und was er den Leuten antat? Versuchen Sie einmal, in einen Kessel Wasser zu schütten, aus dem ein Rohr das Wasser schneller abfließen lässt, als Sie es hineingießen können, und mit jedem Kübel Wasser wird das Rohr weiter, und je härter Sie arbeiten, desto mehr verlangt man von Ihnen […]. Es bedurfte einer einzigen Versammlung, um zu erkennen, dass wir zu Bettlern geworden waren – erbärmlichen, heulenden, winselnden Bettlern, jeder einzelne von uns, weil keiner seine Bezahlung als seinen rechtmäßigen Verdienst ansehen konnte, weil keiner Rechte oder Einkommen hatte, nicht ihm gehörte seine Arbeit, sondern der ‚Familie‘, und die ‚Familie‘ schuldete ihm nichts dafür, und der einzige Anspruch, den er an sie stellen konnte, waren seine ‚Bedürfnisse‘."

Neben der Politik scheint in der Neuzeit auch die Ökonomie selbst die Häufung von Not zu verstärken. Es hat sich das Phänomen eines Konjunkturzyklus bemerkbar gemacht, das eine plötzliche, zyklische Häufung von Firmenzusammenbrüchen und Arbeitslosigkeit mit sich bringt. Allerdings ist die Rezession eine Phase der Bereinigung und Aufdeckung nicht nachhaltiger Wirtschaftsstrukturen; das eigentliche Unheil ist die Blasenwirtschaft, die davor Ressourcen verschwendet und gerade die Ärmsten in ein inflationäres Hamsterrad zwingt. Der Versuch einer bloßen Linderung der Rezessionsfolgen kann also die Korrektur künstlich hinausschieben und damit die Grundlage späterer, noch größerer Bedürftigkeit schaffen. Tatsächlich sind es eher die zentralistischen Fürsorgesysteme, die im Konjunkturzyklus an ihre Grenzen stoßen. Die These, dass die freiwilligen Strukturen mit der zyklischen Häufung von Not nicht fertig würden, trägt auch historisch nicht. Mangels fester Rechtsansprüche und dank persönlicher Beziehungen waren die „friendly societies" oder Gewerkvereine wesentlich flexibler. Sie verschwanden nicht, weil sie überfordert waren, sondern wurden im Moment ihrer größten Leistungsfähigkeit zwangsweise dem Staat einverleibt.

Die zweite anthropologische Prämisse des Wohlfahrtsstaates ist, dass nur dieser den Teufelskreislauf durchbrechen könne, dass arme und ungebildete Eltern wiederum arme und ungebildete Kinder haben – was auf alle Zeiten eine unüberbrückbare Kluft zwischen den Klassen schaffe. Viele Liberale wurden im Namen einer Chancengleichheit zu Fürsprechern einer begrenzten Wohlfahrt. Nassau Senior etwa schrieb 1861:

„Wir können auf eine Zeit hoffen, in der der Arbeiterschaft die Bildung ihrer Kinder selbst anvertraut werden kann; doch kein protestantisches Land glaubt, dass diese Zeit schon angebrochen ist, und ich sehe keine Hoffnung, bis nicht Generation nach Generation besser ausgebildet wurde."

Diese Perspektive überschätzt allerdings sowohl institutionalisierte Bildung als auch die Wirkung des Elternhauses. Zwillingsstudien zeigen, dass maximal zehn Prozent der Variation der Charaktereigenschaften und Lebenswege von Kindern durch das Elternhaus erklärt werden können. Diese beschränkte Prägung ist aber vermutlich wesentlich paradoxer und indirekter, als die meisten glauben. Das reichste Prozent der USA begann im Schnitt mit 15 Jahren zu arbeiten – eine wichtigere Fördermaßnahme als Schule und elterliche Zuwendung? Wenn man den Lerneifer, Fleiß und die Leistungsbereitschaft von jungen Asiaten als Vergleich heranzieht, mag man in unseren Breiten eher Wohlstandsverwahrlosung denn materiellen Mangel im Elternhaus als Entwicklungshemmnis ansehen. Sollte der Wohlfahrtsstaat also, anstatt Kindergeld auszuzahlen, Verarmungsprämien bei der Geburt eines Kindes abziehen, um es vor einer gefährlich sorglosen Existenz zu bewahren? Hinter der Logik des Wohlfahrtsstaates steckt im Kern ein Behaviorismus, wie ihn etwa John B. Watson formulierte:

„Gebt mir ein Dutzend gesunde, gut gebaute Kinder und meine eigene, spezifizierte Welt, um sie darin großzuziehen, und ich garantiere, dass ich irgendeines aufs Geratewohl herausnehme und es so erziehe, dass es irgendein beliebiger Spezialist wird, zu dem ich es erwählen könnte – Arzt, Jurist, Künstler, Kaufmann, ja sogar Bettler und Dieb, ungeachtet seiner Talente, Neigungen, Absichten, Fähigkeiten und Herkunft seiner Vorfahren."

Der Behaviorismus bildet in seiner auf das Materielle reduzierten Form auch die dritte anthropologische Prämisse des Wohlfahrtsstaates, nämlich, dass die Menschen durch ein schlechtes Umfeld schlechter würden und daher nur die möglichst schnelle materielle Verbesserung der Lebensverhältnisse kriminelles und asoziales Verhalten unterbinden kann. Den Grundgedanken dahinter formulierte Rousseau: Der Mensch sei von Natur aus gut und nur durch die Verhältnisse korrumpiert.

Doch der materielle Aspekt ist hierbei der unwesentlichste. Das erkannte schon die sozialistische Sozialforscherin Marie Jahoda, die die Verhältnisse von Arbeitslosen untersuchte: Viel schwerwiegender als materieller Mangel wären das Fehlen einer Zeitstruktur, von sozialen Kontakten und einer gemeinsamen Aufgabe, die Identität stiften kann. Deshalb greifen alle realisierten Menschenverbesserungsversuche im Zuge einer Umfeldgestaltung tief in den Lebensalltag ein: ob die „reducciones" der Jesuiten, Klöster im Allgemeinen oder Resozialisierungsprogramme in Eingeborenenreservaten (siehe etwa die bezeichnende australische Devise der „tough love" nach schweren sozialen Problemen in davor rein wohlfahrtsstaatlich-materiell versorgten Siedlungen). In größerem Maßstab bleibt da von der Freiheit nichts übrig. So erstaunt es nicht, dass Totalitäre oft behavioristische Losungen bemühten: Mao meinte, auf leeren Blättern würden die schönsten Gedichte geschrieben, und die roten Khmer postulierten, nur Neugeborene seien unbefleckt. Die Folge ist im schlimmsten Fall Massenmord oder – unter „freiheitlicheren" Verhältnissen – ein indirekter Massenselbstmord. Tiere, die nicht artgerecht gehalten werden, hören auf, sich zu vermehren. Ähnlich scheint es beim Menschen zu sein: Versorgte Reservate neigen zu demographischen Schieflagen. Demnach könnte die demographische Falle weniger ein Zeichen von Wohlstand sein, wie gemeinhin angenommen, sondern eines der Pauperisierung - der Entmenschlichung des Menschen im Zuge einer „Stallfütterung", wie es Wilhelm Röpke scharf ausdrückte.

Der Wohlfahrtsstaat ist im Gegensatz zu den sozialistischen Experimenten mit millionenfacher Todesfolge eine „permissive" Spielart des Behaviorismus, die sich selbst Freiheitlichkeit bescheinigt. Die Reduktion auf anonym-materielle Interventionen ist zwar für die Versorgten angenehmer, doch ihre Wirksamkeit muss bezweifelt werden. Strenger Paternalismus, der auf der These beruht, dass Politiker für ihre Untertanen bessere Entscheidungen treffen können als diese für sich, könnte immerhin theoretisch eine tatsächliche Verbesserung der Menschen in solchen Erwachseneneziehungsanstalten erlauben (was praktisch unwahrscheinlich und selten den Freiheitsverlust wert ist). Permissiver Paternalismus hingegen wirkt anthropologisch notwendigerweise auf eine Verschlechterung der Menschen hin: Ein Beispiel dafür wäre, ein quengelndes Kind stets mit einem Bonbon abzuspeisen – was das Kind darauf konditioniert, nur durch die Anmeldung eines niederen Bedürfnisses Aufmerksamkeit und Zuwendung zu erlangen. Der Hauptleidtragende einer solchen vermeintlich freiheitskompatiblen Abspeisung ist offensichtlich das Kind.

Demnach liegt die These nahe, dass die Hauptleidtragenden des Wohlfahrtsstaates dessen Klienten sind: die Unterschicht. Die Nutznießer sind gewisse Teile der Oberschicht, die die breite Bevölkerung mit Stillhalteprämien abspeisen können. Ohne Wohlfahrtsstaat wäre etwa die Bereicherung von wenigen im Zuge der inflationären Blasenwirtschaft der letzten Jahrzehnte politisch kaum tragbar gewesen. Doch die Logik der Stillhalteprämien hat einen wiederum anthropologischen Haken: Die zuteilende Klasse erwartet sich die Zuneigung ihrer Klienten, tatsächlich erntet sie langfristig Hass. Wie im Fall der permissiv-paternalistischen Fehlerziehung können die Zuteilungsempfänger ihr Selbstwertgefühl nur durch Herabsetzung der Zuteiler aufrechterhalten, was den wachsenden Hass der Unterschicht gegen den „therapeutischen" Staat erklärt, der bislang am sichtbarsten in französischen Vorstädten ausbrach. Wie bei allen Substituten muss bei Stillhalteprämien laufend die Dosis erhöht werden, da Gewöhnungseffekte eintreten. Allein aufgrund dieser anthropologisch-psychologischen Dynamiken ist der Wohlfahrtsstaat ein schwerer Angriff auf die Menschenwürde und nicht bloß eine ökonomische und politische, sondern vor allem eine anthropologische und moralische Katastrophe. Diesen in Frage zu stellen, ist demnach nicht ein Ausfluss unsolidarischen Geizes, sondern die notwendige Folge einer Mitmenschlichkeit, die sich nicht an theoretischen oder ideologischen Modellmenschen orientiert, sondern auf einem realistischen Verständnis der menschlichen Natur beruht.

Einleitung

„Stärker als die Wahrheit schwankt die Fähigkeit des Menschen, sie zu erkennen." Nicolás Gómez Dávila

Bei aller berechtigten Kritik an vielen der dieser Tage in Mitteleuropa herrschenden Missstände ist doch jede Idealisierung der Vergangenheit unangebracht. Stets sollte bedacht werden, dass es eine „gute, alte Zeit" niemals gab. Die Welt war nämlich - auch in der oft romantisierten und idealisierten Vergangenheit - nie etwas anderes als ein von Not, Krieg, Seuchen, Hunger und Ungerechtigkeit erfülltes Jammertal. Lediglich die jetzt in Deutschland und Österreich nach und nach aus dem Berufsleben scheidende Generation der Babyboomer kann von einigem Glück reden. Diese Kinder der Nachkriegszeit hatten im historischen Vergleich die mit Abstand besten Karten. Sie erlebten weder Kriege noch Hungerkatastrophen, keine Vermögensverluste durch galoppierende Inflationen, dafür aber das Wirtschaftswunder, genossen eine allgemein herrschende Sicherheit und eine berechtigte Aussicht darauf, dass es in ihrem Leben nur eine Richtung geben kann: aufwärts.

Die Eltern der Babyboomer dagegen erlebten den bis dahin schlimmsten aller Bombenkriege und hatten mit dessen Folgen sowie mit der Besatzungszeit fertigzuwerden, die in Österreich, anders als im noch heute von den Siegern besetzten Deutschland, bereits im Jahre 1955 wieder endete. Deren Eltern wiederum erlebten mit dem Ersten Weltkrieg zudem auch noch die europäische Urkatastrophe des 20. Jahrhunderts, die damit verbundenen Hungerjahre, eine verheerende Grippeepidemie im unmittelbaren Anschluss daran, eine Hyperinflation, die die Vermögen des Bürgertums vernichtete, und schließlich den Aufstieg und die Machtergreifung der Nationalsozialisten. Nichts also, was man sich von Herzen wünschen würde.

Die Generation der Urururgroßeltern der heute Jungen erlebte zwar die scheinbar heile Welt der Monarchie und jenen kurzen Moment, in dem auch in Deutschland und Österreich eine Spur von Liberalismus aufblitzte, und ein damit einhergehendes hohes Maß an Freiheit. Der Lebensstandard lag damals, verglichen mit dem der Babyboomer, dennoch auf einem mehr als bescheidenen Niveau. Seit vielen Generationen geht es in Europa also – allen Kriegen, Seuchen, Bedrohungen und Krisen zum Trotz – aufwärts. Für die Gegenwart und Zukunft der heue Jungen, der „Genration Y", sieht es indes anders aus. Bei den „Millennials" handelt es sich um die seit mehr als eineinhalb Jahrhunderten erste Generation, der es *nicht* besser gehen wird als den Eltern. Mit den Babyboomern war/ist der Zenit im Hinblick auf Wohlstand, Freiheit und Sicherheit in der Alten Welt erreicht und überschritten. Dafür gibt es eine Reihe von Ursachen, die im vorliegenden Buch beleuchtet werden sollen.

Ursprung der meisten, wenn nicht aller beschriebenen Phänomene ist die wachsende Geringschätzung privater Rechte, ein sich mehr und mehr in den europäischen Gesellschaften ausbreitender linker Kollektivismus und die daraus resultierenden Konsequenzen. Die unentwegte Beschwörung der „Solidarität" unter Verwendung von Parolen, wie „Das Wir entscheidet" oder „Gemeinnutz vor Eigennutz", treffen im Euroland des beginnenden 21. Jahrhunderts auf breiteste Zustimmung. Wer sich hingegen allein um seine eigenen Angelegenheiten kümmern, seinen Beruf ausüben und die Früchte seiner Arbeit genießen will, wird schnell als Egoist, rücksichtsloser Ellbogentyp oder gar als Asozialer denunziert. Lebenslang auf Kosten anderer lebende Politiker und Funktionäre, die sich unentwegt anmaßen, sich in fremder Leute Angelegenheit einzumischen, ihnen vorschreiben, was sie zu tun und zu denken haben und ihnen maximale Steuerlasten zwecks „sozialen Ausgleichs" aufbürden, dürfen sich im Gegensatz dazu als philanthropisch veranlagte Lichtgestalten feiern lassen. Hand in Hand mit dem ständigen Schrumpfen der Privatrechtssphäre nimmt der Staat immer totalitärer werdende Züge an. Immer unduldsamer wird sein Umgang mit den Bürgern, die mehr und mehr wie unmündige Kinder behandelt werden; immer rigoroser fällt deren Überwachung und Kontrolle durch die herrschende Dressurelite aus.

Unter anderem diese bedenkliche Entwicklung bildet den Grund dafür, weshalb es den Jungen heute kaum noch gelingt, Eigentum zu bilden, also etwa ein Eigenheim oder eine Eigentumswohnung zu erwerben oder ein Unternehmen zu gründen, ohne sich dabei faktisch und auf Jahrzehnte hinaus zu Leibeigenen der Banken zu machen. Denn der allseits gerühmte „soziale Ausgleich" basiert auf der konsequenten Bestrafung von Leistung, begünstigt den Müßiggang und bedarf darüber hinaus einer sündteuren und unentwegt wachsenden Bürokratie. Konnte es bis in die 70er-Jahre hinein ein Alleinverdiener noch mit ehrlicher Arbeit schaffen, für seine Familie bescheidenen Wohlstand zu schaffen, ist das heute selbst für gut verdienende Zweipersonenhaushalte („DINKs" - double income, no kids) kaum noch möglich. Steigende Abgabenlasten und explodierende Immobilienpreise zwingen die Jungen entweder dazu, dauerhaft zur Miete zu leben oder bei Mama im Nest hocken zu bleiben. Trotz historisch niedrigster Zinsen sorgen die Begehrlichkeiten des Fiskus und die auf dem Immobiliensektor sichtbar werdenden, preistreibenden Konsequenzen der exzessiven Geldpolitik der Zentralbanken dafür, dass Eigenheime – zumindest die in einigermaßen attraktiven Lagen - zunehmend unerschwinglich werden. Ohne Unterstützung durch wohlhabende und -meinende Eltern oder einen Lottogewinn geht für die heute Jungen mehrheitlich nichts mehr. Da aber privates Eigentum Unabhängigkeit vom Gutdünken Dritter oder von einer übergriffigen Sozialbürokratie, und damit die Basis der Freiheit bedeutet, geht es auch mit der Freiheit bergab.

Doch zunehmende Schwierigkeiten beim Vermögensaufbau sind nur eine schlimme Folge der räuberischen Zugriffe des Fiskus. Die möglicherweise übelste Konsequenz hoher Abgabenlasten ist, dass – anders als früher - auch die meisten Frauen in die Erwerbstätigkeit (und damit zur Steuerleistung!) gezwungen werden, weil das Einkommen des Mannes nicht mehr ausreicht, um den Lebensunterhalt einer Familie zu bestreiten. Frauen die „nur" Hausfrauen sind und sich um den Nachwuchs kümmern, sind daher längst zur aussterbenden Art geworden, was von progressiven Feinden der traditionellen Familie als großartiger Fortschritt bejubelt wird. Ihrer Meinung nach ist es nämlich erstrebenswerter, in materieller Hinsicht von Dienstgebern und/oder der Sozialbürokratie abhängig zu sein als vom Ehepartner. Da viele berufstätige Frauen die Doppelbelastung von Erwerbstätigkeit und Haushalt inklusive Kindeserziehung nicht auf sich nehmen wollen, ziehen sie es vor, auf Mutterglück zu verzichten. Deshalb gehen die Geburtenraten in modernen Wohlfahrtsstaaten dramatisch zurück – und zwar weit unter das Maß, das zum Erhalt der Bevölkerungszahl nötig wäre. Mit rund 1,3 Geburten pro Frau geht derzeit pro Generation rund ein Drittel der Population verloren. Dass das recht bald zu einem Kollaps der Gesellschaft führen muss, liegt auf der Hand.

Die vom politischen System gesetzten Anreize gehen also in so gut wie jeder Hinsicht in die falsche Richtung – auch mit Blick auf die akademische Bildungselite. „Wer in Österreich studiert hat, will Beamter werden", kommentiert der Zeithistoriker Lothar

Höbelt treffsicher. Das bedeutet aber, dass ausgerechnet viele der Bestausgebildeten für die produktive Wirtschaft und damit für die Wertschöpfung im Lande unwiderruflich verlorengehen: einmal Beamter, immer Beamter. Staatsbürokraten, Radfahr- und Gleichbehandlungsbeauftragte, Internetüberwacher und aus öffentlichen Mitteln bezahlte Kontrolleure, Regulatoren und Blockwarte produzieren nun einmal nichts, was zum kollektiven Wohlstandsgewinn beiträgt – ganz im Gegenteil.

Die „Millenials" geben sich mehrheitlich, anders als noch die Generationen ihrer Eltern und Großeltern, weitgehend unpolitisch und illusionslos. Kaum einer von ihnen macht sich ernsthafte Hoffnungen, einen nennenswerten Teil der von ihnen zu leistenden Sozialbeiträge in Form eigener Pensionen je wiederzusehen. Allerdings nehmen sie das erstaunlich gelassen hin. Denn immerhin rauben ihnen die extreme Abgabenbelastung einerseits und die Nullzinspolitik andererseits jede Möglichkeit zur Eigenvorsorge. Es ist unbegreiflich, dass sie dem großteils zu ihren Lasten gehenden – Treiben der politischen Klasse und der Sozialbürokratie absolut widerstandslos zusieht.

Sosehr es aus moralischer Sicht grundsätzlich für die Jugend spricht, wenn sie sich von den ekelerregenden Niederungen der Politik fernhält, sosehr ermutigt es die auf das Stimmverhalten der Alten schielenden Politiker, ausschließlich deren Interessen zu dienen. Die demographische Schieflage führt dazu, dass ohne die Stimmen der Rentner heute keine Wahl mehr zu gewinnen ist. Die paar Jungen fallen in einer rücksichtslosen Mehrheitsdiktatur nicht ins Gewicht. Die Umverteilung von den Jungen - ja sogar den noch Ungeborenen - zu den Alten nimmt daher unentwegt zu. Kaum einer der Rentenbezieher der Gegenwart hat Beiträge in einer Höhe geleistet, die den tatsächlich bezogenen Leistungen entsprechen würde, was in besonderem Maße für Politiker, Beamte und andere im Dunstkreis des Leviathans aktiv gewesene Privilegienritter gilt. Wachsende Pensionszuschüsse aus dem Budget sprechen eine klare Sprache.

Viele gut ausgebildete, ambitionierte und ehrgeizige Junge reagieren auf ihre unfaire Belastung und den vom Wohlfahrtsstaat gebotenen Mix negativer Anreize mit einer Emigration ins leistungsfreundlichere Ausland: Brain-drain. Die Mehrheit der Bürger tritt indessen den Rückzug ins Private an, verachtet die moralisch bankrotte politische Klasse, von der sie paradoxerweise aber dennoch Hilfe in allen Lebenslagen erwartet, verzichtet darauf, Kinder in die Welt zu setzen, und fügt sich, zunehmend devot oder gleichgültig, in ihr Schicksal. Ein neues, von Kinderlosigkeit gekennzeichnetes Biedermeier ist allerdings nicht der Stoff, aus dem sich künftige Höhenflüge unserer Zivilisation entwickeln werden. Im Gegenteil. Die „westlichen" Gesellschaften der Alten Welt befinden sich im kollektiven Niedergang, wenn nicht im letzten Moment noch ein Wunder geschieht, insbesondere angesichts einer kontrafaktisch als „Flüchtlingswelle" bezeichneten Masseninvasion aus der unserer Zivilisation feindlich gesinnten Kultur des Halbmonds.

Die bislang gefährlichste Bedrohung der rechtschaffenen Bürger ging stets vom Staat aus. Der begnügte sich aber immerhin lange Zeit damit, sie lediglich um große Teile ihres Einkommens zu bringen, ehe er damit begann, sie auf Schritt und Tritt zu überwachen und auf immer unerträglichere Art zu gängeln. Mit den Millionen von „Flüchtlingen", die Europa seit 2015 überrennen, kommen indes veritable Gefahren für Leib und Leben hinzu, worüber zu berichten selbst die gleichgeschaltete, regierungshörige Lückenpresse nicht mehr umhinkommt. Auf die mit der muslimischen Landnahme verbundene Herausforderung des Gewaltmonopols reagiert dieses aber nicht etwa mit wirkungsvollen Maßnahmen zur Abwehr der

Invasoren und zum Schutz seiner Staatsbürger, sondern mit einer breit angelegten Großoffensive gegen die letzten verbliebenen Reste bürgerlicher Freiheit, die ein guter Teil der erfolgreich gehirngewaschenen Bürger auch noch freudig akklamiert.

Anstatt sich auf ihre primären Aufgaben, nämlich die Sicherstellung von Recht und Ordnung zu konzentrieren, versuchen die Regierungen, jeden Lebensbereich zu regulieren und scheitern dabei kläglich. Wer alles zu kontrollieren versucht, der kontrolliert am Ende nämlich gar nichts mehr. Legislative, Exekutive und Justiz werden von vielen Bürgern zunehmend eher als unterdrückerische Besatzungsmächte denn als Agenturen im Dienste der steuerzahlenden Bürger wahrgenommen. Eine beunruhigende, ja sogar bedrohliche Entwicklung, da damit leider nicht der Wunsch und das Verlangen nach Selbstverantwortlichkeit und Eigenständigkeit einhergehen. Der wohlfahrtsstaatlich verfasste Staat hat die Bürger ihrer Freiheit mit großem Erfolg vollständig entwöhnt.

Geschichte verläuft niemals linear, sondern zyklisch oder in Form einer Wellen- oder Pendelbewegung. Dass unsere einstmals prosperierenden, allen anderen voranschreitenden, westlich-liberalen Gesellschaften sich gegenwärtig im rasanten Niedergang befinden, ist primär der Gleichgültigkeit, Blindheit und Staatshörigkeit der Babyboomer und deren Nachfolgegeneration geschuldet. Erstere werden immerhin das Glück haben, bereits tot und begraben zu sein, wenn die traurigen Konsequenzen ihrer katastrophalen Fehler und Versäumnisse den „Millennials" auf den Kopf fallen. Sie werden dafür nicht mehr Rede und Antwort stehen müssen.

1. Der Wohlfahrtsstaat infantilisiert die Gesellschaft

„Egoismus hat etwas mit Infantilität zu tun, wobei der Egoismus von Kleinkindern ganz natürlich ist und daran auch überhaupt nichts auszusetzen ist. Bei der grassierenden Infantilität in der Gesellschaft sieht das aber anders aus - es ist eine Verkindlichung der Gesellschaft - das ist eine Gesellschaft, in der keiner mehr Verantwortung übernehmen möchte - jeder hat nur Rechte und pocht darauf - aber niemand hat Pflichten. Jeder sieht nur seine ‚Bedürfnisse' und er fühlt sich legitimiert, das Ziel der Befriedigung dieser Bedürfnisse über alles andere zu stellen. Diese Verkindlichung der Menschen wird von den Mächtigen gefördert." Karl Schmitt [1]

Wer heutzutage sein Fernsehgerät einschaltet, sieht sich - auf so gut wie allen Kanälen – mit einer überwältigenden Vielzahl von Programmen konfrontiert, die sich auf einem geradezu unterirdisch niedrigen Niveau bewegen. Der Begriff „Sozialporno" eignet sich wohl am besten für eine zusammenfassende Charakterisierung. Ob nun adipöse Menschen bei qualvollen Versuchen präsentiert werden, abzunehmen; ob vorzugsweise ebenso unmusikalische wie unattraktive „Prominente" sich dabei vorführen lassen, wie sie sich bei Tanzshows oder beim Käfer- und Wurmverzehr zum Narren machen; oder, ob peinliche Bemühungen um die Suche nach einem Lebenspartner voyeuristisch begleitet werden - offenbar empfinden viele Menschen ihr eigenes Leben als derart ereignislos und uninteressant, dass ihnen die Beobachtung anderer eine dringend benötigte Ersatzbefriedigung verschafft. Als Ausdruck des Erwachsenseins ist das eher nicht zu bewerten.

Die Fähigkeit, sich sinnvoll mit sich selbst zu beschäftigen und auf den bloßen Konsum von Bildmaterial zu verzichten, das die vorhandenen Reste von Geist abstumpft, kommt immer mehr Menschen nach und nach abhanden. Kurzum: Eine wachsende Anzahl von Bürgern verhält sich wie kleine Kinder, die unentwegt unterhalten und von anderen bei Laune gehalten werden wollen. Das Feuilleton einer renommierten Zeitung wie der FAZ diagnostiziert bereits eine „zunehmende Infantilisierung der Zeitgenossen", die sich unter anderem im Siegeszug der oben angeführten Sendeformate und zahlreicher anderer geisttötender Lustbarkeiten manifestiert. Es ist daher an der Zeit, sich auf die Suche nach den Ursachen dieses erstaunlichen Phänomens zu begeben, das Erwachsene wieder zu Kindern werden oder Kinder gar nicht erst erwachsen werden lässt.

Zunächst eine Begriffsbestimmung: Im Internetlexikon Wikipedia findet sich unter dem Stichwort „Infantilismus" folgender Eintrag: „Der Begriff Infantilismus bezeichnet den Zustand des Zurückbleibens auf der Stufe eines Kindes und kann sich sowohl auf die körperliche als auch auf die geistige Entwicklung beziehen. Der Begriff stammt vom lateinischen Wort infantilis (dt. kindlich) ab und hat in den einzelnen Fachgebieten genauer abgegrenzte Bedeutungen."

Das klinische Wörterbuch Pschyrembel definiert Infantilismus als „Stehenbleiben der geistigen und körperlichen Entwicklung auf kindlicher Stufe" und verweist darüber hinaus auf den Begriff „Puerismus", der definiert wird als: „Wiederauftreten kindlichen Verhaltens im Erwachsenenalter". Das Wilhelm-Griesinger-Institut für Psychotherapie und Psychosomatik liefert folgende Definition: „Der Begriff des **Infantilismus** oder die **Infantilität** charakterisiert eine Persönlichkeit, die in wesentlichen Bereichen dauernd kindhafte Eigenschaften aufweist. [...] Infantile haben den zentralen Konflikt eines jeden Menschen, nämlich den **Ablösungskonflikt** von den Eltern und **von der Kindheit** nicht ausreichend bewältigt. [...] Der Infantile lehnt die Welt der Erwachsenen mehr oder weniger ab, er ist in der Welt des Kindes steckengeblieben."

Der letzte Satz bildet den Ausgangspunkt dieses Kapitels, das aber nicht klinischen Phänomenen gewidmet ist, die bei einzelnen Individuen auftreten, sondern sich vielmehr mit dem kollektiven Verhalten der Gesellschaften in modernen Wohlfahrtsstaaten auseinandersetzt. Die zunehmende Orientierungslosigkeit eines immer größeren Teils der Zeitgenossen; deren Weigerung und Unfähigkeit, Verantwortung zu übernehmen; ihre fortwährende Suche nach Schuldigen für ihr fortgesetztes Versagen bei der Bewältigung ihres eigenen Lebens; die niemals enden wollende Jagd nach geistig anspruchsloser Zerstreuung, die schon Arthur Schopenhauer in seinen Aphorismen aufs Korn genommen hat – für all das sollten plausible Gründe zu finden sein.

Gute Eltern

„Wie überfürsorgliche Eltern schaden uns diejenigen, die uns zu helfen versuchen, am meisten." Nassim Taleb

Rational handelnde, verantwortungsvolle Eltern setzen alles daran, ihre Kinder so gut wie möglich vor allen ihnen drohenden Gefahren zu beschützen. Sind die Kinder noch klein und zum Gebrauch des eigenen Verstandes und zu eigener Einsicht noch nicht fähig, geht es auch gar nicht anders. In Momenten der Gefahr sind weitschweifige Erklärungen unangebracht. In solchen Situationen muss schnell und entschlossen gehandelt werden – bei Bedarf auch unter Einsatz brachialer Mittel. Einem Zweijährigen, der sich soeben anschickt, unbekümmert und ohne auf den Verkehr zu achten, auf die Fahrbahn einer stark befahrenen Straße zu laufen, hilft die wachsame Mutter nicht durch liebevolles Zureden, sondern indem sie ihn sich greift und notfalls gewaltsam zurückhält.

Allerdings sind gute Eltern bemüht, ihre Kinder auf die auf sie lauernden Fährnisse so gut wie möglich vorzubereiten und sie so zu erziehen, dass sie selbst ein Sensorium dafür entwickeln, das sie in die Lage versetzt, aus eigenem Entschluss und mit eigener Kraft erfolgreich darauf zu reagieren. Sie werden den im Umgang mit Säuglingen und Kleinkindern gebotenen Paternalismus dem Alter und der zunehmenden Urteilskraft ihrer Sprösslinge entsprechend schrittweise zurückfahren. Das Übernehmen von Verantwortung will schließlich erlernt sein - und das kann nicht gelingen, wenn überfürsorgliche Eltern jeden einzelnen Schritt ihres Nachwuchses bis über die Pubertät hinaus zu überwachen und zu lenken trachten.

Kinder, die nicht beizeiten lernen, sich vom Rockzipfel ihrer Mutter zu lösen und auf eigenen Beinen zu stehen, ohne bei jedem Schritt zu stolpern, werden es im Leben nicht weit bringen – zumindest nicht ohne ernsthafte Blessuren. Die Erfahrung des Scheiterns im Kleinen ist nämlich außerordentlich wichtig, um geeignete Strategien entwickeln zu können, wirklich großen Niederlagen im Erwachsenenalter nach Möglichkeit vorzubeugen. Je später der erste ernsthafte Rückschlag eintritt – etwa, weil überfürsorgliche Eltern ihrem Nachwuchs immerzu jedes sich vor ihnen auftürmende Hindernis aus dem Weg geräumt haben – desto schmerzhafter und frustrierender wird dieser empfunden werden.

Kurzum: Gute Eltern zeichnen sich dadurch aus, dass sie ihren Kindern das zur Bewältigung ihres Lebens notwendige Rüstzeug mitgeben, damit diese später auf eigenen Beinen stehen und ihr Leben aus eigener Kraft und mit voller Verantwortung für ihre Handlungen bewältigen können. Gute Eltern werden daher nicht versuchen, unentwegt in die Geschicke ihrer Kinder lenkend einzugreifen, sie bis ins Erwachsenenalter unter Kuratel zu stellen und andauernd vor sich selbst und den Folgen ihrer Handlungen zu beschützen. Sie werden all ihr Sinnen und Trachten darauf richten, ihren Nachwuchs zu verantwortungsbewussten, selbständigen Persönlichkeiten heranzuziehen, die sich bei der Bewältigung ihres Lebens stets ihres Verstandes bedienen und sich nicht auf die Hilfe anderer verlassen.

Der Rabenvater

„Immer noch haben die die Welt zur Hölle gemacht, die vorgeben, sie zum Paradies zu machen." Friedrich Hölderlin [2]

Die Rolle, die einst intakten, funktionierenden Familien zukam, übernimmt in wachsendem Maße der moderne Wohlfahrtsstaat. Der tritt mit dem zunächst verführerisch klingenden Anspruch an, seine Bürger, gleich einem um seine Kinder besorgten Vater, vor allen Fährnissen des Lebens beschützen zu wollen. Er liefert zu diesem Zweck allerdings, anders als fürsorgliche Kindeseltern, die ihre Erziehungsaktivitäten im Laufe der Zeit schrittweise zurücknehmen, ein alle Lebensbereiche durchdringendes Gesamtpaket, das von der Wiege bis zur Bahre reicht und dem niemand entrinnen kann und soll.

Der Wohlfahrtsstaat ist weit über die Grenzen jener vom deutschen Denker und Sozialistenführer Ferdinand Lassalle einst verächtlich als „Nachtwächterstaat" abqualifizierten Organisation hinausgewachsen, die sich lediglich der Aufrechterhaltung von Recht und Gesetz in einem definierten Territorium verpflichtet sah und die mit einem Minimum an beamtetem Personal und Geld auskam. Der Staat hat heute so gut wie alle für die Gesellschaft wesentlichen Bereiche direkt oder indirekt unter seine Fuchtel gezwungen:

Schulwesen, Universitäten, Gesundheits- und Pensionssystem, Energieversorgung, Post- und Eisenbahnwesen sowie den Straßenbau – allesamt Angebote, die ohne weiteres auch von privaten Anbietern unter Wettbewerbsbedingungen erbracht werden könnten. Private Alternativen zum obligat zu konsumierenden, staatlichen Angebot existieren allenfalls noch in kleinen Nischen.

Hier ist nicht der Platz, um auf die in 100 von 100 Fällen eintretenden, üblen ökonomischen Konsequenzen des Ersatzes von Marktmechanismen durch die zentralistische Planung einer Kommandowirtschaft einzugehen. Jedenfalls zieht die ständig weitergehende Zurückdrängung von Privatrecht, Markt und Wettbewerb – weit über den Bereich von Kindeserziehung und Bildung hinaus – folgenschwere Konsequenzen nach sich, die für den Gegenstand der hier angestellten Überlegungen von größter Bedeutung sind.

„Es gibt zwei grundsätzlich entgegengesetzte Mittel, mit denen der überall durch den gleichen Trieb der Lebensfürsorge in Bewegung gesetzte Mensch die nötigen Befriedigungsmittel erlangen kann: Arbeit und Raub, eigne Arbeit und gewaltsame Aneignung fremder Arbeit."
Franz Oppenheimer [3]

Jeder Staat schafft zwei Klassen von Menschen: Diejenigen, die ihn finanzieren und die anderen, die von ihm leben. Die Mentalität jedes Einzelnen wird maßgeblich dadurch geprägt, welcher der beiden Gruppen er angehört. Wer sein Geld in der Sphäre des Marktes verdient, ist daran gewöhnt, Leistungen erbringen zu müssen, die von zahlungskräftigen Kunden nachgefragt werden. Wer dagegen im Dunstkreis des Leviathans sein Einkommen erzielt oder von Transferzahlungen lebt, steht nicht vor dieser Herausforderung. Was er auch tut oder lässt: darauf, seinen Mitmenschen einen nützlichen Dienst zu leisten, braucht er/sie keinen Gedanken zu verschwenden.

Die Büttel des Leviathans

Personen, die selbst niemals etwas anderes als den staatlichen Apparat der Zwangsbeschulung in all seinen giftig schillernden Farben kennengelernt haben (von der Volksschule übers Gymnasium bis in die Universität) und anschließend – egal in welcher Funktion - beim Staat anheuern, leben zeitlebens in einer ebenso komfortablen wie surrealen Parallelwelt. Als öffentlich Bedienstete brauchen sie sich den Schrecknissen des Wettbewerbs – und damit der Notwenigkeit, sich und ihre Tätigkeit der Bewertung durch eine kritische Kundschaft zu unterwerfen –, nicht zu stellen. Was auch immer sie tun oder auch nicht tun, ist für ihren Broterwerb ohne jede Bedeutung. Ihr von den Steuerzahlern zu erwirtschaftendes Einkommen ist ja – anders als das der unter Marktbedingungen Werktätigen (gleich ob selbständig oder angestellt) - in keiner Weise an messbare Leistungen respektive an deren Bewertung durch die unfreiwilligen Zahler gebunden.

Dass aber jemand, der für sein eigenes Leben, zumindest für den wesentlichen Teil des Broterwerbs, niemals Verantwortung übernehmen musste, weil er/sie als Beamter sicher sein kann, ungeachtet der von ihm/ihr erbrachten Leistungen auf Kosten Dritter alimentiert zu werden, dazu qualifiziert sein sollte, das Leben des produktiv tätigen Teils der Menschen zu reglementieren, darf massiv angezweifelt werden. Wer an dieser Stelle einwendet, dass Exekutivbeamten ja gar keine Gesetzgebungskompetenz zukommt, darf nicht übersehen, dass sich der weit überwiegende Teil der politischen Verantwortungsträger aus den Reihen des öffentlichen Dienstes sowie der Zwangsvertretungen der Berufsstände, Gewerkschaften und öffentlichen Unternehmen (die vergleichbare Privilegien genießen) rekrutiert, und Gesetze zum Großteil aus von Ministerialbeamten ausgearbeiteten Regierungsvorlagen resultieren.

Gewaltentrennung findet heute nur noch in der politischen Theorie, nicht aber der geübten Praxis der Spätzeit des europäischen Wohlfahrtssozialismus statt. Parlament, Regierung, Justiz und leider auch die unter der Bezeichnung „Presseförderung" korrumpierten Medien sitzen im selben Boot. Diese Kamarilla hat zu 99 Prozent niemals im Leben auch nur einen einzigen Cent mit produktiver Arbeit unter Wettbewerbsbedingungen verdient. Das prägt.

Ohne Staat ein Nichts

„Wer seinen Mitmenschen zu dienen nicht in der Lage ist, will sie beherrschen." Ludwig Mises [4]

Die Damen und Herren in den Reihen der Politnomenklatura wissen natürlich, dass sie nichts zu verteilen haben, was nicht zuvor von anderen im Schweiße ihres Angesichts erarbeitet wurde. Sie selbst tragen ja zur Wertschöpfung schließlich nicht das Geringste bei. Aufgrund ihrer Ausbildung (nur wenige verfügen über technische oder naturwissenschaftliche Kenntnisse, während nicht wenige über Abschlüsse in Geschwätzwissenschaften à la Politologie, Soziologie oder Publizistik verfügen, die in der Privatwirtschaft unverwertbar sind) oder ihrer charakterlichen Verfassung sind sie dazu großteils wohl auch unfähig. „Ohne Partei sind wir nichts", räsonierte einst der österreichische Kanzler Fred Sinowatz - und der musste als Sozialist und beamteter Apparatschik schließlich wissen, wovon er spricht.

Im obenstehenden Zitat Ludwig Mises´ kommt zum Ausdruck, dass der überwiegende Teil der Mitglieder der herrschenden Klasse – mangels Nachfrage nach den von ihnen offerierten „Leistungen" - in einer privatrechtsbestimmten, freiheitlichen Marktgesellschaft schnell in der Gosse landen würde. Denn die für eine Karriere in der Politik gefragten Qualitäten, Kenntnisse und Fähigkeiten, wie Skrupellosigkeit, ein hochentwickeltes Talent zur planmäßigen Lüge und Desinformation sowie ein unbändiges Verlangen, andere zu einem Verhalten zu nötigen, das nicht deren eigenen Vorstellungen entspricht, sind für das Fortkommen im Produktivsektor unbrauchbar und daher unverkäuflich. Deshalb verlegen die sich zu politischen Karrieren berufen fühlenden Damen und Herren darauf, an die Stelle ehrlicher Arbeit die Bevormundung, Ausbeutung und Unterdrückung ihrer Mitmenschen zu setzen. In aller Regel erzielen sie damit Einkommen in einer Höhe, wie sie in der Privatwirtschaft selten sind und die sie mit den ihnen eigenen Voraussetzungen außerhalb geschützter Werkstätten niemals erzielen könnten. Es handelt sich hier um ein auf verheerende Weise verzerrtes Anreizsystem, das viele gute Leute von Tätigkeiten abhält, mit denen sie ihren Mitmenschen tatsächlich einen Dienst erweisen würden.

Materielle Werte werden nur und ausschließlich im produktiven Teil der Welt, nämlich in der Sphäre des Marktes, geschaffen. Die Mitglieder der politischen Klasse dagegen führen durchwegs eine parasitäre Existenz. Sie generieren ihr Einkommen nicht mit wirtschaftlichen, sondern mit politischen Mitteln. Ohne Euphemismus ausgedrückt: mit Raub und Diebstahl. Ihre Aktivitäten wurden daher völlig zu Recht mit jenen eines „stationären Banditen" verglichen [5].

Da Politiker sich – im Allgemeinen zu Recht – kaum eines höheren Ansehens erfreuen als gemeine Banditen, kommt es für sie darauf an, diesen Sachverhalt bestmöglich zu verschleiern. Etwa, indem der Wert steuerfinanzierter „öffentlicher Güter", auf die sie maßgeblichen Einfluss haben, so stark wie nur irgend möglich überhöht wird. Darüber hinaus sind sie bemüht, möglichst viele Nutznießer ihres Treibens zu schaffen, die an der Beute teilhaben dürfen. Auf diese Weise kaufen sie sich – ums Geld fremder Leute - wohlfeile Zustimmung.

Ohne Privateigentum keine Selbstbestimmung

Als zentraler „Gemeinwert" des Wohlfahrtsstaates gilt die Herstellung „sozialer Gerechtigkeit". Die aber kann nach Ansicht der über die unumschränkte Deutungshoheit verfügenden Sozialisten in allen Parteien nur mittels rigoroser Eingriffe in private Eigentumsrechte verwirklicht werden. Um dafür den Boden aufzubereiten, werden die Verfügungsrechte der rechtmäßigen Eigentümer über ihre Sachen, also ihr Vermögen und/oder ihr Einkommen, von der politischen Klasse systematisch negativ konnotiert - etwa mit Egoismus, Gier und Maßlosigkeit. Das gewaltsame Eindringen des Staates in privates Eigentum wird dagegen kontrafaktisch zum Akt der Solidarität und der Nächstenliebe verklärt. Wer sein rechtmäßig erworbenes Eigentum behalten will, wird als unersättlicher Egoist diffamiert. Wer dagegen fremdes Eigentum gegenleistungsfrei konfisziert und an seine Entourage verteilt, wird zum Wohltäter verklärt. Das ist die perverse Moral des auf gewaltsamer Umverteilung beruhenden, stets „Solidarität" beschwörenden Wohlfahrtsstaates. Dass Solidarität und Nächstenliebe Phänomene sind, die auf Freiwilligkeit und nicht auf Gewaltanwendung oder –androhung beruhen, wird wohlweislich ausgeblendet. Es ist keine geringe propagandistische Leistung, diejenigen, die mit ihrer Arbeit Werte schaffen - und behalten wollen – erfolgreich der Gier zu bezichtigen, während diejenigen, die es ihnen gewaltsam abnehmen, glaubhaft zu Helden der Solidargemeinschaft stilisiert werden. Die Tatsache, dass Raub und Diebstahl auch dann kriminelle Akte bleiben, wenn sie – vorgeblich - im Interesse der angeblich Unterprivilegierten erfolgen, gerät nach und nach aus dem Blick. Ebenso die Tatsache, dass der Großteil der den „Reichen" entrissenen Beute die Unterprivilegierten niemals erreicht, weil sie schon bei den Systemschranzen in Bürokratie und Elendsbewirtschaftungsindustrie hängenbleibt.

Im Ergebnis wird ein immer größerer Teil der Bürger planmäßig darauf konditioniert, sein wirtschaftliches Überleben nicht mehr aus eigener Kraft bewerkstelligen zu können und zu wollen, sondern immer stärker auf die Aktivitäten einer allsorgenden Staatsgouvernante zu vertrauen und/oder von Transferzahlungen zu leben. Die Frage, woher die umverteilten Mittel stammen und weshalb ein ständig kleiner werdender Teil der Gesellschaft sich den Rücken krumm schuften soll, weil einem immer größer werdenden der Sinn nicht danach steht, einer produktiven Erwerbsarbeit nachzugehen, verliert zunehmend an Bedeutung. Wer Augen hat, zu sehen, dem kann die Autodestruktivität dieses Systems nicht verborgen bleiben.

Ohne Haftung kein Verantwortungsgefühl

Die negative Auswirkung des Wohlfahrtsstaates auf den materiellen Wohlstand ist aber nur ein Aspekt, und nicht einmal sein übelster. Die verderbliche Wirkung, die der Wohlfahrtsstaat auf Moral und Rechtsempfinden ausübt, wird anhand folgender Tatsache klar: Kaum jemand kommt auf die Idee oder befindet es gar als rechtlich in Ordnung, ins Haus seines Nachbarn einzusteigen und dort Wertgegenstände zu entwenden. Sehr viele Zeitgenossen finden indes überhaupt nichts dabei, wenn der Staat ihnen Teile des Vermögens Dritter zuschanzt, die er selbst zuvor gewaltsam enteignet hat. Dass ein Unrecht aber weder dadurch zum Recht wird, dass es im Kollektiv begangen wird, noch dadurch, dass der Staat es begeht, macht sich kaum noch jemand bewusst.

„Wenn du dich weigerst, ungerechte Steuern zu bezahlen, wird Dein Eigentum konfisziert. Wenn du versuchst, dein Eigentum zu verteidi-

gen, wirst du festgenommen. Wenn du dich der Festnahem widersetzt, wirst du niedergeknüppelt. Wenn du dich dagegen wehrst, wirst du erschossen. Diese Maßnahmen sind bekannt als Rechtsstaatlichkeit."
Edward Abbey [6]

Ein selbstbestimmtes Leben bedingt, für alle Konsequenzen seiner Handlungen Verantwortung zu übernehmen und für allenfalls angerichteten Schaden zu haften. Das ist in einer „kapitalistischen" Marktwirtschaft – und nur in dieser – auch der Fall. Die obligate Haftung für die Folgen jeder Handlung zählt sogar zu ihren wichtigsten Grundlagen. Wer in einer kapitalistisch-freiheitlichen Gesellschaft seinen Mitmenschen Dienste leistet, die von diesen nachgefragt werden, darf sich über die Früchte seiner Arbeit freuen und diese auch ungehindert genießen. Wer aber Fehlentscheidungen trifft oder gar Dritten Schaden stiftet, wird dafür umgehend zur Rechenschaft gezogen und bestraft - zum Beispiel durch Vermögensverlust.

Systematische Werteumkehr

Der Wohlfahrtsstaat stellt all diese über lange Zeiträume hinweg gewachsenen und bewährten Regulative, die zu einem Leben in Verantwortung anleiten, auf den Kopf. Denn er nimmt den Bürgern ihre Verantwortung in wachsendem Maße ab. Er fördert, begünstigt und belohnt ein Leben als ewiges Kind, Müßiggänger, Asozialer oder Soziopath. Nahezu alle Aktivitäten des „Nanny State" (© Iain MacLeod) oder des „Therapeutic State" (© Paul Gottfried) laufen darauf hinaus, Erwachsene dauerhaft in die Rolle unbelehrbarer Kleinkinder zu drängen und damit genau das zu tun, was verantwortungsvolle Eltern nicht tun: ihren Nachwuchs zu ständig Anspruchsberechtigten zu erziehen und dauerhaft von ihren Zuwendungen abhängig und damit willfährig zu halten.

Der sozialistische Leviathan hindert die Menschen daran, Verträge nach eigenem Gutdünken und freier Übereinkunft zu schließen, wie am Beispiel von Arbeitsrecht und Mietrecht deutlich wird. Er verunmöglicht es, eigene Vorsorgen für Alter und Krankheit zu treffen, indem er ihnen kostspielige Zwangsversicherungen mit Umverteilungscharakter oktroyiert. Er macht es Eltern, unter Einsatz der faktisch unentrinnbaren staatlichen Zwangsbeschulung mit Gehirnwäschecharakter, schwer, ihre Kinder nach bestem Wissen und Gewissen selbst zu erziehen oder nach ihren eigenen Vorstellungen erziehen zu lassen. Das Endergebnis bildet der unmündige, unselbständige und damit leicht beherrschbare Untertan.

Das demokratische Dilemma

Wir stehen vor einem paradoxen Phänomen: Zwar genießt die politische Klasse ein kaum zu unterbietend schlechtes Image. Sie wird von den Untertanen mehrheitlich als Bande notorischer Lügner, an chronischer Selbstüberschätzung leidender Phantasten und/oder gewissenloser Gauner gesehen. Gleichwohl erwarten die Bürger von diesen faulen Früchten einer rigorosen Negativauslese der Gesellschaft Lösungen für alle Probleme, mit denen sie in ihrem Leben konfrontiert sind. Ein Begehren, das entweder blödsinnig oder kindisch – *infantil* – zu nennen ist.

„Macht korrumpiert. Absolute Macht korrumpiert absolut."
Lord Dalberg-Acton [7]

Die Politikerkaste ihrerseits ist an einem denkenden und zur Kritik fähigen Bürger nicht im Geringsten interessiert. Sie wünscht sich dankbare und leicht lenkbare Untertanen – und zwar heute mehr als in der Ära absolutistischer Herrscher vom Schlage König Ludwigs des Vierzehnten, Kaiserin Maria Theresias oder König Friedrichs des Zweiten, die vergleichsweise geradezu freisinnige Regime führten. In einer Situation, in der die autochthone Stammwählerschaft traditionell „staatstragender" Parteien zunehmend schwindet, kommen Massen schlecht bis gar nicht (aus)gebildeter Immigranten, die als „Flüchtlinge" getarnt die Alte Welt überschwemmen, gerade recht. Bert Brechts zynische Empfehlung an die Regierung, sich doch ein neues Volk zu suchen, wenn das alte sie enttäuschte, befindet sich bereits in der Umsetzungsphase. Der demokratische Wohlfahrtsstaat ist das Vehikel für eine Zeitreise in die Welt vor der Ära der Aufklärung. Der Gebrauch des – eigenen – Verstandes, der Aufbruch in Mündigkeit und Selbstverantwortung, das war zu Immanuel Kants Zeit „in". Heute wird rationales, *erwachsenes*, eigenständiges Denken mehr und mehr durch den infantilen Glauben an die alleinseligmachende Allmacht des Staates und von ihm vorgegebenes, betreutes Denken ersetzt.

Die, wie Christoph Braunschweig es nennt, „demokratische Krankheit" des sozialistischen Wohlfahrtsstaates, besteht in der zweifachen Verantwortungslosigkeit von Wählern und Gewählten. Erstere treffen in der Anonymität der Wahlzelle Entscheidungen, die zwar maßgeblich und unmittelbar ins Leben ihrer Mitmenschen eingreifen, für die sie aber dank ihrer Anonymität nicht verantwortlich gemacht werden können. Letztere wieder verschanzen sich hinter ihrem Mandat und sind für ihre (Fehl)Entscheidungen niemals haftbar, weil sie ja schließlich nur im Auftrag ihrer Wähler tätig werden. Es liegt auf der Hand, dass ein derart verfasstes politisches System völlig falsche Anreize schafft und jede Gesellschaft langfristig in den Abgrund reißen wird.

Konsequenzen staatlicher Zwangsbeschulung

Der für die politische Führung ideale Bürger – der von den in jeder Hinsicht linken Agenten des staatlichen Zwangsschulsystems jeden eigenständigen Denkens entwöhnte, und dank der unentwegten Desinformation durch die gleichgeschalteten Massenmedien bis zur totalen Verblödung gehirngewaschene Untertan - ist eine Katastrophe für privat geführte, im zunehmend internationaler werdenden Wettbewerb stehende Unternehmen. Wer sich mit Ausbildern in Lehrbetrieben oder mit Personalentwicklern unterhält, erhält eine eindrucksvolle Bestätigung für den selbst in staatstragend-wohlwollenden Studien zum Ausdruck kommenden Befund: Niemals war der Berufsnachwuchs weniger zu gebrauchen als heute. Zehn Prozent von 100 im Kopf auszurechnen, ist für Pflichtschulabsolventen mittlerweile zur nahezu unlösbaren Aufgabe geworden. Ein Viertel von ihnen ist zu sinnerfassendem Lesen nicht mehr fähig. Die massenweise Immigration illiterater Orientalen und Afrikaner samt Nachwuchs, treibt das Schulniveau noch weiter in den Keller, wie Thilo Sarrazin, gestützt auf eine erdrückende Fülle von Daten, feststellt. Zitat: „Wir werden auf natürlichem Wege durchschnittlich dümmer." [8]

Die politische Entscheidung ist gegen eine Differenzierung des Schulsystems gefallen: Einfalt statt Vielfalt, lautet die Devise. Die Gleichmacherei des staatlichen Zwangsschulsystems ist aber nur auf niedrigstem Niveau möglich. Selbst stramm linke Gesellschaftsklempner können sich nicht dauerhaft der Erkenntnis entziehen, dass aus einem dummen Schüler - selbst bei Einsatz maximaler Mittel - kein Nobelpreisträger, kreativer Unternehmer oder leitender Angestellter werden wird. Nivellierung und Egalisierung sind eben immer nur nach unten, niemals aber nach oben möglich. Deshalb verlegt sich das sozialistische Einheitsschulsystem darauf, die

Gescheiten daran zu hindern, sich allzu weit über das Niveau der Blöden zu erheben. Den meist aus „bildungsfernen Schichten" stammenden Dumpfbacken unter den Schülern bleibt damit immerhin das frustrierende Erlebnis des Scheiterns und des Erkennens der eigenen geistigen Mängel erspart. Zumindest bis zu dem Moment, da sie sich um einen Arbeitsplatz bewerben. Dann ist endgültig Schluss mit lustig. Leider um viele vertane Jahre zu spät.

Eine Einsicht, die sich Bewohnern geschützter Werkstätten gewöhnlich niemals eröffnet: Betriebe, die keinen brauchbaren Nachwuchs finden, verlieren an Wettbewerbsfähigkeit, gehen zugrunde oder wandern ab. Das - fatalerweise erfolgreiche - Bestreben der Politelite, die Bürger systematisch zu infantilisieren und zu verblöden, zerstört somit die Basis des Wohlfahrtsstaates, die nur in einer florierenden, Werte schaffenden Unternehmenslandschaft bestehen kann. Erst wenn auch den Dümmsten dämmern wird, dass eine infantilisierte Gesellschaft, die mehrheitlich aus Fahrradbeauftragten, Gleichbehandlungsblockwarten, Genderforschern, Umverteilungsbürokraten, Rentnern, daueralimentierten Migranten und anderen Transferzahlungsbeziehern besteht, aus der sich alle unternehmerischen Geister und produktiven Kräfte längst verabschiedet haben, in einer globalisierten Welt nicht überlebensfähig ist, wird – vielleicht – der Ruf nach einer Wende laut werden. Es steht allerdings zu befürchten, dass die Umkehr ein Mehrgenerationenprojekt sein wird. Mit einer raschen Besserung ist deshalb nicht zu rechnen, weil eine restlos zerstörte Moral einfach nicht in kurzer Zeit repariert werden kann – schon gar nicht unter den durch die rezente Völkerwanderung drastisch verschärften Bedingungen.

Zusammenfassung

- Die Bürger moderner Wohlfahrtsstaaten zeigen eine unübersehbare Tendenz zur kollektiven Infantilisierung, die an zahllosen Symptomen erkennbar ist und die im Verlust des Willens und der Fähigkeit zu rationalem, selbstbestimmten Denken und Handeln ihren Ausdruck findet.

- Gute Eltern erziehen ihre Kinder dazu, auf eigenen Beinen stehen und das Leben – über das ihrer Erzeuger hinaus – eigenverantwortlich meistern zu können.

- Die Eltern werden allerdings von einem zunehmend totalitärer agierenden Staat immer gründlicher an der Erziehung ihrer Sprösslinge gehindert, indem das Zwangsschulsystem ständig weiter ausgedehnt wird und mittlerweile selbst vor den Kleinsten nicht mehr Halt macht (Kindergartenpflicht). Die gesellschaftszerstörende Wühlarbeit des Wohlfahrtsstaates setzt also – wie aus allen totalitären Systemen sattsam bekannt - bereits bei kleinen Kindern an.

- Der zeitgenössische, demokratische Wohlfahrtsstaat schwingt sich außerdem – ohne dafür legitimiert zu sein - zum gestrengen Vormund und Erzieher erwachsener Menschen auf. Indem er rücksichtslos in deren privaten Angelegenheiten eindringt, bringt er es dahin, sie in lebenslanger Unmündigkeit zu halten, von sich abhängig und damit willfährig und gefügig zu machen.

- Die Spitzen der zeitgenössischen Ochlokratie ziehen Einkommen, Prestige und Macht aus dem Umstand, dass sie den Insassen des von ihnen geführten Wohlfahrtsstaates die Fähigkeit, für ihre eignen Angelegenheit selbst zu sorgen, planmäßig abtrainieren.

- Die infantilisierten Bürger erwarten daher – trotz ihrer der Politikerkaste entgegengebrachten Verachtung –, dass diese alle auftretenden Probleme für sie löst.

- Die in gewissen Abständen in der verträumten Anonymität demokratischer Bedürfnisanstalten (Wahlzellen) stattfindenden Rituale dienen der Kür der Crème de la Crème einer von den beherrschten Untertanen völlig losgelöst agierenden Funktionärskaste, die zutiefst davon überzeugt ist, besser als die Betroffenen selbst zu wissen, was ihnen guttut. F. A. Hayek prägte für dieses übergriffige Verhalten einst den Begriff „Anmaßung von Wissen".

- Der unbändige Wille zur Vergrößerung ihrer Macht veranlasst die Nomenklatura zur ständigen Ausweitung ihrer Zuständigkeiten, während die des selbstbestimmten Denkens und Handelns entwöhnten Zöglinge des Wohlfahrtsstaates durch das laufend „verbesserte" Angebot von Brot und Spielen vollständig korrumpiert und/oder zur Einsicht in die daraus resultierenden Konsequenzen vollkommen unfähig werden.

- Eine Renaissance der größten Errungenschaft der Aufklärung – der Wille zum Einsatz der Vernunft anstelle blinden Glaubens - ist auf dem Boden der bestehenden politischen Ordnung unwahrscheinlich, wenn nicht sogar ausgeschlossen. Zu übermächtig ist die Tyrannei des Status quo (Milton Friedman). Ohne Zutun der Herrschenden geht eben – nach dem staatshörigen Glauben der Wählermehrheit - gar nichts mehr.

- Der Wohlfahrtsstaat steuert infolge seiner Überschuldung, unfinanzierbarer Pensionsversprechungen, der Korrumpierung großer Teile seiner Bürgerschaft, der gnadenlosen Pönalisierung von Fleiß und Initiative sowie der großzügigen Belohnung von Dummheit und Müßiggang auf den Zusammenbruch zu. Es ist keine Frage ob, sondern lediglich, *wann* der finale Kollaps eintreten wird.

- Die massenhafte Einwanderung schlecht oder gar nicht ausgebildeter Orientalen und Afrikaner in die ohnehin bereits überlasteten Sozialsysteme wirkt wie ein „Brandbeschleuniger", der den Systemkollaps noch schneller herbeiführen wird.

- Der Untergang des Wohlfahrtsstaates ist eine notwendige, wenn auch nicht hinreichende Voraussetzung für eine Abkehr vom kollektiven Infantilismus der Gesellschaft und für die Rückkehr zu erwachsenem Denken und Handeln.

- Der Weg dorthin zurück wird, falls er überhaupt jemals beschritten wird, steinig und steil sein.

Dieser Text wurde erstmals veröffentlicht im Sammelband:

Christian Günther/Werner Reichel (Hg.)
„Infantilismus – Der Nanny-Staat und seine Kinder"
Frank&Frei, 2016

[1] *Karl Schmitt http://www.schmittk.de/national-freiheitlich.pdf*
[2] *Friedrich Hölderlin, Aphorismen*
[3] *Franz Oppenheimer „The State", S. 24*
[4] *Ludwig Mises „Die Bürokratie", S. 98*
[5] *Mancur Olson: „Macht und Wohlstand"*
[6] *Edward Abbey: „A Voice crying in the Wilderness"*
[7] *John Emerich Dalberg-Acton, First Baron Acton, in einem Brief an Bischof M. Creighton, 1887*
[8] *http://www.focus.de/politik/deutschland/integration-merkel-kritisiert-sarrazin-aeusserungen_aid_518606.html*

2. Populismus – ein missbrauchter Begriff

Was ist „Populismus"? Wer gilt als „Populist"? Ganz einfach: Simple Antworten auf komplexe Fragen zu geben, ist Populismus. Der Populist ist demnach der „Flachdenker" oder „schreckliche Vereinfacher"[1]. Damit ist nicht gesagt, dass Populisten dumm sind. Das mag zwar gelegentlich der Fall sein. Vielfach verstehen sie sich aber einfach darauf, schlichten Gemütern jene einfachen Parolen und Rezepte anzudienen, denen die nur allzu gerne folgen. Folglich wird der Begriff „Rattenfänger" gerne als Synonym für „Populist" gebraucht. Dass damit deren Gefolgschaft kurzerhand zu Tieren erklärt wird, scheint keine Rolle zu spielen. Klar ist für die über die Deutungshoheit gebietenden Meinungsbildner jedenfalls, dass die Klientel der Populisten im politischen Spektrum rechts der Mitte zu finden ist. Linke sind nämlich von Natur aus viel zu schlau, als dass populistische Parolen bei ihnen verfangen könnten. Sie haben die Welt verstanden. Und vor allem: Ihr sicheres Moralurteil bewahrt sie vor jedem Irrtum.

Meist handelt es sich bei den Adressaten populistischer Politik aus Sicht der herrschenden Eliten um Modernisierungsverlierer ohne höheren Bildungsabschluss. Diese sind weder willens noch imstande, über den Tellerrand hinauszublicken. Sie hegen keinerlei Verständnis oder gar Begeisterung für fremde Kulturen oder für die Kultur überhaupt. Kurzum, sie sind der nicht nur geistig unterprivilegierte Bodensatz der Gesellschaft. Dass diejenigen, die mehr als nur Steine und dumpfe Ressentiments im Kopf haben, politisch links stehen, ist aus Sicht der Nomenklatura und des Hauptstroms der veröffentlichten Meinung gar keine Frage. Intellektuelle, die fast ausnahmslos linken Parteien anhängen, machen um für den Populismus anfällige Menschen einen großen Bogen. Mit unterbelichteten Schmuddelkindern pflegt das politisch korrekte Justemilieu nicht zu verkehren.

Früher, in der guten alten Zeit der 60er-, 70er- und 80er-Jahre, als die Sozialdemokratie bei Wahlen noch ungefährdet klare Mehrheiten einfahren konnte, bildeten übrigens diejenigen, die heute gewissenlosen Populisten auf den Leim gehen, und von denen das politisch korrekte Establishment nichts wissen will, den Kernwählerstamm der Sozialdemokratie: Arbeiter, kleine Angestellte und subalterne Beamte. Damals bedingte ein fehlender Hochschulabschluss - bevorzugt in Soziologie, Publizistik oder Politikwissenschaften, denn die heute so trendigen „Genderstudien" gab´s ja noch nicht – anders als heute nicht automatisch das herbe Verdikt, ein hoffnungsloser Blödian zu sein. Nichtakademiker zu kritisieren, wurde erst ab dem Moment zur gängigen Praxis, als die „schlecht Gebildeten" politische Alternativen zu den ihnen nicht mehr interessant erscheinenden gesellschafts- und wirtschaftspolitischen Offerten der Genossen zu suchen begannen – und prompt auch fanden.

Seitdem wird täglich und unentwegt die Trommel für die Steigerung der im Land der Hämmer angeblich beklagenswert niedrigen Akademikerquote gerührt. Denn mittlerweile ist klar: Der Mensch beginnt beim Bachelor und der Darwinismus beim Grundschulabsolventen. Ob einer etwas gelernt hat, kann und tut, was auf dem Markt nachgefragt wird und womit er – außerhalb subventionierter, staatlich geschützter Werkstätten – seinen Unterhalt verdienen kann, etwa durch Ausübung eines gefragten Handwerks, zählt wenig. Was dagegen *viel* zählt, ist die „richtige" Gesinnung – und die wird nun einmal am zuverlässigsten an den staatlichen Universitäten vermittelt.

Begriffsbestimmung

Ehe man sich der Analyse eines Phänomens zuwendet, ist es zweckmäßig, eine Begriffsbestimmung vorzunehmen. Sehen wir daher, was sich zum Stichwort „Populismus" im Internetlexikon Wikipedia findet: „Einerseits handelt es sich um einen spezifischen Politikstil, eine Form der politischen Rhetorik bzw. Strategie zum Machterwerb, andererseits wird Populismus in der Forschung auch als Ideologie eingestuft. Populismus ist geprägt von der Ablehnung von Eliten und Institutionen, Anti-Intellektualismus, einem scheinbar unpolitischen Auftreten, Berufung auf den ‚gesunden Menschenverstand' (…), Polarisierung, Personalisierung und Moralisierung. (…) Populismus betont den Gegensatz zwischen dem ‚Volk' und der ‚Elite' und nimmt dabei in Anspruch, auf der Seite des ‚einfachen Volkes' zu stehen." [2]

Zusammengefasst und übersetzt aus dem für Wikipedia typischen, politisch korrekten Neusprech: Populismus ist antietatistisch, kritisch gegenüber politischen Eliten und volksnah. Erschreckend, nicht wahr?

Dissidenten stehen im einst liberalen Westen so gut wie ausnahmslos rechts

Selten sind sich die Kommentatoren der Hauptstrommedien in den „westlich-liberalen" Gesellschaften so einig wie in ihrer Beurteilung politischer Dissidenten, falls es sich dabei nicht um jene raren Exemplare handelt, die noch weiter links angesiedelt sind als der Hauptstrom. Sofern solche Regimekritiker nicht als „nationalistisch" oder sicherheitshalber gleich als „rechtsradikal" eingestuft werden, handelt es sich nach Einschätzung der Meinungsführer so gut wie immer um rechte „Populisten".

Dass „rechts" im Sinne der politisch-medialen Dressureliten ausschließlich negativ besetzt ist und nach politisch-korrekter Sprachregelung routinemäßig und ganz selbstverständlich als Synonym für böse, schlecht, engstirnig, intolerant, niederträchtig, vorgestrig, rassistisch, homophob, islamophob und/oder sexistisch steht (der Katalog erhebt keinen Anspruch auf Vollständigkeit), versteht sich von selbst. Für die auch nach ihrer eigenen Einschätzung zum größten Teil linken Meinungsbildner steht zweifelsfrei fest: Die Guten stehen immer links und Rechte sind daher entweder (als Verführte) ungebildete Idioten oder als Verführer des Teufels.

Nach ihrem am Ende der 1960er-Jahre begonnenen Marsch durch die Institutionen haben linke Kräfte, die 68er und deren Nachfolger, so gut wie alle vom Staat zu besetzenden und zu beeinflussenden Schaltstellen okkupiert, was ganz besonders im gleichgeschalteten Schul- und Medienwesen reiche Rendite trägt. Die einst als Reformer und Veränderer angetretenen linken Sturmtruppen haben sich in den Kommandozentralen behaglich eingerichtet und verteidigen nun mit Zähnen und Klauen, was sie inzwischen als das rechtmäßig Ihre betrachten. Politische Opposition ist daher - innerhalb und außerhalb der Parlamente – nur und ausschließlich von rechten Kräften zu erwarten. Die Linken haben mit dem einst bekämpften Staat und dessen Macht nicht nur ihren Frieden gemacht – sie haben ihn vollständig erobert und unter sich aufgeteilt.

Beklagenswertes Faktum ist aus deren Sicht dennoch, dass die immer noch herrschende, strukturelle Gewalt initiierende, heteronormative und bourgeoise Ordnung offensichtlich auch nach Jahrzenten intensiv zelebriertem wohlfahrtsstaatlichen Realsozialismus so haarsträubend ungerecht ist, dass sie noch immer keine materielle Ergebnisgleichheit hervorbringt. Ein für jeden Anhänger der sozialistischen Gleichheitsreligion himmelschreiender Missstand! Um dem abzuhelfen, müssen gewissenhafte Linke mittels staatlicher Umverteilung weiterhin unentwegt um die Herstellung „sozialer Gerechtigkeit" kämpfen. Weil nur sie das ohne jeden Gedanken an ihren eigenen Vorteil tun, verfügen auch nur sie über das Monopol auf Moral und Anstand.

Dass ausschließlich Rechte mit dem pejorativen Begriff Populist etikettiert werden (Linke sind niemals Populisten, sondern stets nur ums Gemeinwohl besorgte Demokraten!), ist somit nichts weiter als logisch.

Kollektive politische Linksdrift seit dem Zweiten Weltkrieg

Das politische Spektrum Europas ist nach dem Zweiten Weltkrieg, und insbesondere seit 1968, immer weiter und mit wachsender Geschwindigkeit nach links gedriftet - eine Tendenz, die bis heute unvermindert anhält. „Konservative" Parteien, oder solche, die sich zu Recht mit dem Etikett „liberal" schmücken dürfen, sucht man heute vergebens. Alle in den europäischen Parlamenten vertretenen Parteien streben nach massiver Umverteilung – nach materieller Ergebnisgleichheit, nicht aber nach der Gleichheit aller vor dem Gesetz.

Zwischen ultrarot und giftgrün changierende Kräfte verfügen heute sowohl in der Politik als auch unter publizistisch tätigen Meinungsführern über die unangefochtene Hegemonie. Die erst in jüngerer Zeit zunehmend an Boden gewinnenden „rechten" Bewegungen, wie FPÖ, AfD, Front National, UKIP oder Vlaams Belang, verfügen bislang weder über politische Macht im Rahmen einer Regierungsbeteiligung noch über eine auch nur neutrale, geschweige denn gar positive Rezeption in den Medien. Dass diese Parteien von den Meinungsführern gerne als „rechts" schubladisiert werden, hat übrigens wenig mit deren tatsächlichen Positionen zu tun. Nimmt man ihre

Programme unter die Lupe, wird schnell klar, dass es sich zwar um „nationale", aber eben doch (mit Ausnahme der UKIP) um Sozialisten handelt. Wirtschaftsprotektionismus, der Traum von nationaler Autarkie, ein Faible für hohe Steuern und das Eintreten für die materielle Umverteilung zugunsten der „kleinen Leute" (wenn auch nicht an „Flüchtlinge" und Armutsmigranten) machen ihre Verortung auf der politischen Links-rechts-Achse einfach: Es sind, zumindest verteilungspolitisch, ohne jeden Zweifel Linke - wie weiland die italienischen Faschisten oder die deutschen Nationalsozialisten. Letztere nannten sich übrigens nicht aus Jux und Tollerei National-Sozialisten (und nicht etwa Sozial-Nationalisten) und schwenkten rote Fahnen. Dass rezente „Rechtspopulisten", wie weiland die italienischen Faschisten und die deutschen Nationalsozialisten, im Revier traditioneller Arbeiterparteien wildern, erklärt den unbändigen Hass, der ihnen von dieser Seite auch heute entgegenschlägt. Bruderkriege pflegen meist besonders gnadenlos geführt zu werden.

Wie sind aber unter diesen Umständen jene Wähler zu beurteilen, die gestern noch die sozialdemokratischen Kerntruppen stellten und die heute „Populisten" wählen? Sind die plötzlich allesamt schlagartig verblödet und/oder moralisch degeneriert? Und wenn nicht: An welchem Punkt haben die Linksparteien diese Klientel verloren – und weshalb? Fragen, auf die die linken Eliten keine Antworten wissen.

Stand der Begriff „links" in seinen Anfängen (aus der Zeit der Nationalversammlung vor der Französischen Revolution) dafür, gegen den Status quo gerichtet und reformerisch zu sein, während „rechts" die Position der Kräfte der Beharrung bezeichnete, gilt heute das genaue Gegenteil. Da die Linke nach ihrem erfolgreichen Marsch durch die Institutionen alle staatlichen Einrichtungen und faktisch alle für die Meinungsbildung relevanten Medien beherrscht, ist sie im Besitz allumfassender Macht und an nichts mehr als an deren Erhalt interessiert. Nach dem historischen „Platztausch" kann jede politische Opposition und Veränderung nur noch von rechts kommen. Links von Regierungspolitik und veröffentlichter Meinung befindet sich im real existierenden Wohlfahrtsstaatsdemokratismus der Gegenwart nur noch die Wand. Ein linker Reformer am Beginn des 21. Jahrhunderts ist folglich ein weißer Rappe, ein kleiner Riese – ein Oxymoron.

Es gilt, daran zu erinnern, dass der größte Teil der von Karl Marx und Friedrich Engels in ihrem 1848 veröffentlichten „Kommunistischen Manifest"[3] erhobenen Forderungen, wie etwa die Einführung starker Progressivsteuern, die Schaffung staatlicher Zentralbanken und die öffentliche, kostenlose Erziehung aller Kinder, vom rezenten Wohlfahrtsstaat längst erfüllt wurden. Europa steht mit einer Staatsquote von annähernd 50 Prozent einer sozialistischen Plan- und Kommandowirtschaft ungleich näher als dem einst von Sozialistenführer Ferdinand Lasalle geschmähten, bürgerlichen „Nachtwächterstaat".[4]

Angesichts der Tatsache, dass selbst in der 1991 zerfallenen Sowjetunion der nichtstaatliche Wirtschaftssektor einen Anteil von etwa 40 Prozent ausmachte, wird die Situation im real existierenden Wohlfahrtsstaat europiden Zuschnitts mehr als deutlich. Wer unter diesen Umständen den entfesselten Neoliberalismus am Werk wähnt, der den „Rechtspopulisten" die werktätigen Massen in die Arme treibt, sollte seine gedanklichen Prämissen einer kritischen Prüfung unterziehen! Der Vollzug der noch offenen Ansprüche von Marx & Genossen, wie die Abschaffung des Erbrechts und die Kollektivierung der Produktionsmittel, ist zwar bereits weit gediehen (und zwar gut getarnt als Erbschaftssteuern, Flächentarifverträge,

Arbeitszeit- und Antidiskriminierungsgesetze), aber eben doch noch nicht vollständig abgeschlossen. Gewerkschafter und Sozialisten in allen Parteien arbeiten, heftig angefeuert von Medien, kirchlichen Organisationen und staatlich alimentierten NGOs, fieberhaft an ihrer endgültigen Finalisierung.

Einst erfolgreiche und populäre konservative („rechte") Staatsmänner wie De Gaulle, Adenauer, Strauß oder Thatcher würden heutzutage von ihren Parteien wohl ausgeschlossen werden, weil sie nach heute geltenden Maßstäben für vermeintlich „rechtsradikales" Gedankengut stehen. Der Umstand, dass der Großteil der Intellektuellen ihre Existenz ausschließlich dem Staat verdanken, erklärt deren Befund, dass – der Begriffsbestimmung nach Wikipedia folgend – „Populismus" von „Anti-Intellektualismus" sowie „Ablehnung von Eliten und Institutionen" bestimmt ist und daher notwendigerweise „rechts" stehen muss.

Die Intellektuellen als Klasse korrupter Staatsapologeten

Dass die Kaste der Intellektuellen fast ausnahmslos im Lager der linken Staatsanbeter steht, ist kein Wunder, da kaum eine bei Verstand befindliche natürliche und keine von einer solchen beherrschte juristische Person sich für ihre Arbeit interessiert und aus freien Stücken Geld für deren Elaborate auszugeben bereit ist. Die kaufkräftige Nachfrage nach „geistiger Arbeit" ist nämlich außerordentlich eng begrenzt. Die nicht enden wollende Krise der Presse beweist es. Die kleine Zahl der (fast ausnahmslos linken) Literaten und Kunstschaffenden, die von ihrer Arbeit leben können, ebenso. Nur wenige Bürger sind freiwillig bereit, für deren Werke – und für die eigene Gehirnwäsche - auch noch zu bezahlen.

Mit „geistiger Arbeit" ist hier natürlich nicht die naturwissenschaftliche Forschung gemeint, deren Ergebnisse tatsächlich dem menschlichen Fortschritt dienen. Gemeint sind vielmehr die Hervorbringungen von Sozial- und Geisteswissenschaftlern, die für so gut wie jedes Unheil verantwortlich waren und sind, das je über die Menschheit gekommen ist. Diese Tatsache veranlasste den großen österreichischen Ökonomen Ludwig Mises bereits vor vielen Jahrzehnten zur Feststellung: „Bemerkenswerter Weise ist die gebildete Schicht einfältiger als die ungebildete. Die begeistertsten Anhänger des Marxismus, des Nationalsozialismus und des Faschismus waren die Intellektuellen, nicht die Grobiane."[5]

Nichts liegt näher als die Symbiose von politischer Macht und deren akademisch verbrämter Apologie. Nur der Staat sorgt – als Gegenleistung für die unverbrüchliche Loyalität der Intellektuellen - für ihr Überleben. Ohne den Staat wäre ihre Zahl – mangels jeglicher Nachfrage nach ihren Werken - verschwindend klein. Der russisch-amerikanischen Philosophin Ayn Rand verdanken wir das Gleichnis von Attila, der raubend, plündernd und sengend umherzieht und dessen Geisterbeschwörer, der ihm dafür die notwenigen Handlungsbegründungen liefert[6]. Attila ist zwar stark, skrupellos und brutal, er spürt aber sein Legitimationsproblem, das seine Machtposition gefährdet. Er verfügt indes nicht über die geistige Kapazität, um dieses Problem aus eigener Kraft zu lösen.

An dieser Stelle tritt der zwar schwache, aber schlaue und besser gebildete Geisterbeschwörer auf den Plan. Ist der eine ohne den anderen unvollständig – beziehungsweise gar nicht handlungsfähig – bilden sie zusammen ein geradezu unschlagbares Duo. Ihre symbiotische Gemeinschaft ergibt sich beinahe zwingend. Aus Ayn Rands mobilem Räuber Attila ist der „stationäre Bandit" namens Staat geworden[7]. Die Rolle des Geisterbeschwörers fällt heute dem staatsbesoldeten Intellektuellen zu.

Da der Staat spätestens mit der Französischen Revolution an die Stelle Gottes getreten ist und fortan stattdessen für Frieden, Sicherheit und überhaupt alles Glück auf Erden sorgt, sind seine Kritiker notwendigerweise nichts als Unheilbringer. Der logische Widerspruch, dass etwas so ungemein Edles, Reines und Gutes, wie den Staat anzugreifen, in der Wahrnehmung seiner stallgefütterten Benefiziare schwerlich etwas „Populäres" an sich haben und daher mit „Populismus" nichts zu tun haben kann, scheint überhaupt nicht aufzufallen. Wie ist das mit den von linken Lichtgestalteten behaupteten billigen und einfachen Erklärungen und Lösungsmodellen der bösen Rechten? Wer verkauft diese „populären Lösungen" in Wahrheit mit so durchschlagendem Erfolg? Die „rechten" Staatskritiker etwa, die auf (unbequeme) individuelle Verantwortung drängen und denen weder die Presse noch die elektronischen Medien eine Bühne bieten? Und wie verhält es sich mit dem den „Populisten" gerne gemachten Vorwurf, sich der „Postfaktizität" zu verschreiben?

„Wer die Wahrheit sagt, braucht ein schnelles Pferd", sagt ein chinesisches Sprichwort. Wer heute Fakten benennt und etwa auf die falschen Anreizstrukturen hinweist, die der Wohlfahrtsstaat bietet, der jede Produktivität und Leistung gnadenlos bestraft, während er Müßiggang und Verantwortungslosigkeit belohnt und zudem Massen licht- und arbeitsscheuen Gesindels aus dem Ausland magisch anzieht, wird von der herrschenden Klasse prompt als Unmensch oder gar als „Pack" verdammt, weil er „diffamierende, nicht hilfreiche" Thesen[8] verbreitet.

Wahr aber ist: Unverantwortlich und falsch sind Behauptungen, wonach Zuwanderung und Multikulturalismus per se gut wären – eine vielfach widerlegte These. Würde sie nämlich stimmen, wären Staaten wie der Irak, Jugoslawien, Ruanda und Afghanistan beispielgebende Erfolgsmodelle. Das sind sie indes nicht – ganz im Gegenteil!

Vielmehr sind wechselseitiges Unverständnis, Ablehnung, Misstrauen und Hass zwischen den einzelnen Volksgruppen, die sich nicht selten bis zum Bürgerkrieg steigern, typisch für Vielvölkergesellschaften. Und das in Sonntagsreden stereotyp geforderte „bessere gegenseitige Kennenlernen" ist alles andere als ein Erfolgsrezept. Wahr ist nämlich: Je mehr man „die anderen" kennt, desto stärker lehnt man sie gewöhnlich ab.

Selbst klassische Einwanderungsländer wie die USA sind nicht vor den damit verbundenen Problemen gefeit, wie regelmäßige Rassenunruhen - etwa im Gefolge von als „rassistisch" motiviert angesehenen Polizeiaktionen – immer wieder zeigen. „Gesunde ethnische Durchmischungen" finden nicht statt, denn: Gleich und gleich gesellt sich gern. Man bleibt unter seinesgleichen und bildet problematische Parallelgesellschaften, wie etwa die massenhaft nach Europa einfallenden Muslime das seit Jahrzehnten tun. In „reinrassigen" Staaten, wie Korea, Taiwan oder Japan dagegen, sind Rassenunruhen oder ebenso quälende wie fruchtlose Debatten um tatsächliche oder eingebildete „ethnische Diskriminierungen" völlig unbekannt. Woran das wohl liegen mag?

Noch eines: Dass eine moderne, pluralistische, technisch hochentwickelte und tendenziell friedliebende Kultur mittels „Auffrischung" durch Personen, die aus rückständigen, primitiven, gewaltbereiten und totalitären Staaten stammen, „bereichert" werden könnte, ist schon auf den ersten Blick eine derart abenteuerlich unsinnige Vorstellung, dass sie es nicht verdient, sich ernsthaft mit ihr zu befassen. Weshalb Legionen von Politikern und Intellektuellen – trotz der katastrophalen Erfahrungen, die in den zurückliegenden Jahren mit der Völkerwanderung aus Afrika und dem Orient gemacht wurden – nach wie vor mit diesem kontrafaktischen Irrsinn hausieren gehen, erscheint rätselhaft.

Das heißt: Nur auf den ersten Blick, denn die herrschenden Anreizstrukturen sind auch in diesem Fall von entscheidender Bedeutung. Die von „Geistesmenschen" gegründete und geförderte Umverteilungs- und Elendsbewirtschaftungsindustrie hat sich zu einer ihrer wichtigsten Einnahmequellen entwickelt. Zehntausende von in der Privatwirtschaft nicht vermittelbaren Angehörigen des akademischen Lumpenproletariats erzielen beachtliche Einkommen, indem sie sich (scheinbar) der Mühseligen und Beladenen dieser Welt annehmen - in Wahrheit aber natürlich ausschließlich ihren eigenen Interessen dienen. Es geht um fremdfinanzierte Heiligenscheine auf Kosten der von ihnen zutiefst verachteten Menschen, die für ihr Geld ehrlich – also unter Marktbedingungen - zu arbeiten genötigt sind.

Wie überaus praktisch, wenn sie es zudem in der Hand haben, jegliche Kritik an ihrem Treiben ungestraft als „Hetze" und das Benennen von Problemen als „postfaktischen" Unsinn diffamieren zu können. In ihrem entschlossenen Kampf gegen die Aufklärung ersetzen linke Bessermenschen die Unterscheidung zwischen Richtig und Falsch oder Recht und Unrecht zunehmend durch die Kategorien von Gut und Böse. Selbstimmunisierende Wohlfühlmoral tritt an die Stelle des Einsatzes von Vernunft und Logik. Man gehört zu den Guten und hat schon allein deshalb immer Recht.

Wer – zumindest fallweise - Kants Losung der Aufklärung folgt[9], erkennt schnell, dass regime- und institutionenkritische Ideen und auf den „gesunden Menschenverstand" rekurrierende Positionen schwerlich ins moralische Abseits geschoben werden können. Die Wahrheit auszusprechen, kann nämlich niemals unmoralisch oder gar böse sein. Dass der „Populismus" vom Meinungshauptstrom mit Vorliebe und ausschließlich den Rechten zugeordnet wird, sollte aus Sicht der solcherart Apostrophierten daher nicht als Beleidigung verstanden werden. Es ist sinnbefreites Wortgeklingel. Die Rechten müssen das ertragen. Viel wichtiger ist es, den von den Linken erhobenen Anspruch auf ihre eigene moralische Überlegenheit als pure Heuchelei zu enttarnen.

Zur Frage der Ethik des Handelns: Gesinnung oder Verantwortung?

Linke fühlen sich moralisch überlegen, weil sie für sich reklamieren, es immer „gut" zu meinen. Für die Schwachen und Unterdrückten einzutreten, für die Rettung der Wale, Rotmilane und des Weltklimas zu kämpfen, ist einfach gut und edel – wer bestreitet das? Und wer in guter Absicht handelt, kann niemals fehlgehen. Einer kritischen Bewertung ihrer zur Zielerreichung eingesetzten Mittel oder einer Einschätzung der tatsächlich eintretenden Folgen ihres Handelns, stellen sich Linke daher nicht. Die durch eine einwandfreie Gesinnung motivierte Handlung enthebt jeglicher Selbstkritik. Verantwortung für Handlungsfolgen: Fehlanzeige. Denn die lupenreine Gesinnung ersetzt jede Verantwortung.

Doch allein die gute Absicht garantiert keineswegs die Qualität einer Entscheidung. (Falls sie überhaupt als solche bezeichnet werden kann, was vielfach nicht der Fall ist: Gewaltsame Gleichmacherei etwa richtet sich gegen die natürliche Verschiedenartigkeit der Menschen und kann allein deshalb schon nicht gut sein). Allzu leicht neigen von ihrer überlegenen Moral überzeugte Zeitgenossen dazu, ihre Ziele rücksichtslos und unter Einsatz inakzeptabler Mittel zu verfolgen – eben weil sie sich im Recht wissen. „In jedem Gutmenschen steckt ein kleiner Robespierre." Dieses Zitat des liberalen Ökonomen und Buchautors Roland Baader[10] bringt es auf den Punkt. „Der Zweck heiligt die Mittel", davon waren linke Moralisten und Tugendbolzen von Robespierre bis Lenin stets überzeugt.

Die rezenten Wiedergänger dieser Art Heilsbringer ticken nicht anders. Vom Gutmenschentum zum Totalitarismus ist es nur ein winziger Schritt.

Wenn die Ziele, wie im Realsozialismus von der UdSSR bis in die „DDR" und von Kuba über Venezuela bis Nordkorea üblich, niemals erreicht werden, so sind stets das falsche Personal, die widrigen Umstände oder das feindselige Ausland daran schuld. Niemals die gegen die Natur des Menschen gerichtete Ideologie, die ihr Scheitern schon in sich trägt. Und wenn der Wohlfahrtsstaat unserer Tage mit seinem nie zuvor dagewesenen Ausmaß an Umverteilung es nicht nur nicht schafft, die Armut wirksam zu bekämpfen, sondern täglich neue Armut produziert, dann kann es nicht an dessen grundlegend fehlerhafter Konstruktion liegen, sondern ausschließlich daran, dass es noch immer zu viel Privateigentum gibt. Alles klar? Der beklagenswerte Zustand der Alten Welt ist das Ergebnis einer über viele Jahrzehnte praktizierten Politik konsequenter Gesinnungsethiker, denen die Herstellung materieller Gleichheit das wesentlichste aller Anliegen war und ist. Zum Zwecke des Erreichens dieses hehren Ziels, wurde die weitgehende Abschaffung jeder individuellen Verantwortung, ein großangelegter Feldzug gegen jede individuelle Unterscheidbarkeit („Antidiskriminierung"), staatliche Verschuldungsexzesse (zwecks Bereitstellung von Brot und Spielen für die Plebs) und nicht zuletzt der Kampf gegen die traditionelle Familie als angeblicher Hort der Unterdrückung betrieben.

Linke Weltverbesserer denken in Kollektiven und verachten das Individuum. „Gemeinnutz vor Eigennutz"[11] oder „Das Wir entscheidet"[12,] sind bis heute ihre populärsten Losungen. Sofern dem Einzelnen überhaupt Rechte zugestanden werden, dann nur soweit die im Auftrag der demokratischen Mehrheit tätige Staatsmacht sie ihm zugesteht. Unveräußerliche, außerhalb positivistischer Gesetzeswillkür stehende Rechte existieren für sie nicht. „Ohne Partei sind wir nichts", ist eine für Linke typische Überzeugung, die aus ihrer intuitiven Einsicht in die eigene geistige Sterilität und intellektuelle Armseligkeit resultiert. Autoritäres Denken und begeisterte Unterordnung unter charismatische Führertypen sind für sie – ganz anders als für Liberale und Libertäre – selbstverständlich.

Die Folgen der galoppierenden Verantwortungslosigkeit von Politikern und Meinungsführern sind dramatisch: Kinderlosigkeit als Ausdruck schwindender Zukunftsaussichten, darniederliegende Sozialsysteme, zerrüttete Staatsfinanzen, öffentliche Schulsysteme, die mehr und mehr Analphabeten produzieren, ein sich beschleunigender Braindrain und der massenhafte Import von Sozialhilfebeziehern aus der Dritten Welt sind exakt der Cocktail, der den Systemzusammenbruch nur noch zu einer Frage der Zeit macht. „Populistische" (rechte, verantwortungsethische) Politik hätte andere Früchte getragen, da sie sich Problemen und Herausforderungen nicht vom ideologischen Elfenbeinturm aus, sondern von der Beurteilung der möglichen Handlungsfolgen her zu nähern pflegt. Rechte (Populisten) orientieren ihr Tun nicht an im Wolkenkuckucksheim ersonnenen Zielvorgaben, sondern an der Verantwortung für die Ergebnisse ihres Handelns. Sie wissen, dass ein Kuchen erst gebacken sein will, ehe man ihn verteilen kann. Sie postulieren keine „bedingungslosen Rechte" für die einen, die ebenso „bedingungslose Pflichten" für die anderen begründen. Für sie steht nicht materielle Gleichheit, sondern die Gleichheit vor dem Gesetz im Mittelpunkt jeder Gerechtigkeitsüberlegung. Sie fragen nach den Konsequenzen der Aushöhlung persönlicher Rechte und nach den Folgen der Abschaffung individueller Verantwortung. Und weil sie das tun und entsprechend handeln, können ihre möglichen Irrtümer niemals jene katastrophalen Ausmaße annehmen, die für die Aktivitäten linker Gesinnungstäter typisch sind.

Das 21. Jahrhundert wird, wie schon das 20., als Zeitalter der Gesinnungsethik in die Geschichte eingehen. Erst die Rückschau aus einer ferneren Zukunft wird das volle Ausmaß der daraus folgenden, fatalen Konsequenzen zeigen. Wir haben es mit dem von Igor Schafarewitsch diagnostizierten, in allen Formen des Sozialismus zum Ausdruck kommenden „Todestrieb in der Geschichte" zu tun[13].

Für Kassandra war es kein Trost, gewusst zu haben, was kommen würde, da ihr doch keiner zuhören und glauben wollte. Trotz ihrer klaren Sicht auf die kommende Tragödie teilte sie am Schluss das Schicksal ihres verblendeten Volkes. Ähnliches droht heute den rechtsgerichteten Populisten. Denn, dass auf dem Boden des real existierenden Wohlfahrtsstaates gerade noch rechtzeitig Verantwortungsethiker ans Ruder kommen könnten, die eine erforderliche Kurswende einzuleiten imstande wären, ehe der von linken Leichtmatrosen gesteuerte Dampfer am Riff zerschellt, ist nicht zu erwarten. Um es mit Dante Alighieri zu sagen: „Lasst...alle Hoffnung fahren!"

Dieser Text wurde erstmals veröffentlicht im Sammelband:

Christian Günther/Werner Reichel (Hg.)
„Populismus – Das unerhörte Volk und seine Feinde"
Frank&Frei, 2017

[1] *Der Begriff "terribles simplificateurs" wird erstmals von Jacob Burckhardt in einem vom 24 Juli 1889 stammenden Brief an Friedrich von Preen verwendet.*
[2] *https://de.wikipedia.org/wiki/Populismus*
[3] *http://gutenberg.spiegel.de/buch/manifest-der-kommunistischen-partei-4975/1*
[4] *Ferdinand Lasalle in einer Rede im Jahre 1862 in Berlin*
[5] *Ludwig Mises, Die Bürokratie, 1944 http://www.mises.de/public_home/article/74*
[6] *Ayn Rand, Für den Neuen Intellektuellen, 1960*
[7] *Mancur Olsen: "Democracy, Dictatorship and Development" (American Political Science Review)*
[8] *Kanzlerin Merkel über Thilo Sarrazins Buch „Deutschland schafft sich ab"*
[9] *Habe den Mut, dich deines eigenen Verstandes zu bedienen!*
[10] *Roland Baader: Geldsozialismus, 2010*
[11] *Oberstes sittliches Gesetz des Nationalsozialismus und Bestandteil des 1920 veröffentlichen Parteiprogramms der NSDAP*
[12] *SPD-Regierungsprogram 2013 – 2017*
[13] *Igor Schafarewitsch Der Todestrieb in der Geschichte / Erscheinungsformen des Sozialismus*

3. Die totale Verwirrung – die EU-Querschnittspolitik des Gender Mainstreamings

Kaum ein außerhalb universitärer Elfenbeintürme oder anderer geschützter Werkstätten tätiger Zeitgenosse hat eine fundierte Vorstellung vom Wesen und der Bedeutung der EU-„Querschnittspolitik" des „Gender Mainstreamings". Denn wer sein Geld auf der freien Wildbahn des Marktes zu verdienen genötigt ist, hat für derlei Unsinn schlicht und ergreifend weder Zeit noch Interesse. Für diejenigen unserer Zeitgenossen dagegen, die mit gegenleistungsfreien Bezügen rechnen können, wie etwa die steueralimentierten, im geisteswissenschaftlichen Bereich tätigen Damen und Herren an den Universitäten, verhält es sich anders. Mangels nutzbringender Beschäftigung steht ihnen jede Menge Zeit zur Verfügung, um sich den seltsamsten Gedanken hinzugeben und diese als „Wissenschaft" auszugeben. Müßiggang, wir wissen es, ist eben aller Laster Anfang. Dementsprechend sehen die aus diesen leistungsdruckfreien Biotopen stammenden Elaborate auch aus. Normale Menschen, die ihren Verstand dazu gebrauchen, um Sinnvolles zu tun, also zahlungskräftig nachgefragte Güter zu produzieren oder Dienstleistungen zu erbringen, können darüber in aller Regel nur den Kopf schütteln. Nur gänzlich ahnungslose oder hoffnungslos naive Menschen, die – allen Erfahrungen zum Trotz - immer noch ans Gute in den Reihen der politischen Eliten und an die intellektuelle Redlichkeit der akademischen Zunft glauben, meinen auch heute noch, die skurrile Kopfgeburt „Gender Mainstreaming" habe irgendetwas mit Frauenemanzipation und dem Kampf für die Gleichberechtigung der Geschlechter zu tun. Mit dieser Einschätzung liegen sie allerdings völlig daneben! Denn den Protagonisten der neomarxistischen

Ideologie des „Gender Mainstreamings" – großteils, in Deutschland zu rund 90 Prozent, sind sie weiblichen Geschlechts, nicht wenige davon männerhassende Lesbierinnen, geht es nämlich um etwas anderes. Um etwas gänzlich anderes. Und in den Angehörigen der ebenso prinzipienlosen wie moralisch fragwürdigen Politikerkaste, mit der wir seit dem Ausbruch der Demokratie mit allgemeinem, geheimen und gleichen Wahlrecht geschlagen sind, finden sie kongeniale Partner auf dem Weg zur anvisierten Zertrümmerung der letzten Reste einer einst intakten, bürgerlichen Gesellschaft.

Der Genderismusund und seine Protagonisten erheben einen normativen Anspruch. Anders als Naturwissenschaftler, die nach ergebnisoffenem Erkenntnisgewinn streben (sofern sie nicht die Erlangung staatlicher Fördermittel, die sich an ihre Bereitschaft bindet, sich für politische Ziele einspannen zu lassen), suchen „Genderwissenschaftler" nicht nach wissenschaftlich fundierten Tatsachen. Sie wollen vielmehr die Gesellschaft nach ihrem Gusto verändern – und stellen diese Ambition auch nicht einmal in Abrede. Auf ihrer Agenda steht die Bekehrung der Menschen, nicht der Wunsch, die Welt besser verstehen zu können. Wasserdicht abgesicherte Erkenntnisse der Naturwissenschaften werden von ihnen routinemäßig als „Biologismus" verrufen und als irrelevant abgetan. Im Großen und Ganzen produzieren die „Genderwissenschaften" zwar absolut evidenzfreie, dafür aber mit umso größerer Leidenschaft vorgetragene Phantasien, nichts als Geschwätz. Die Naturwissenschaften liefern, im krassen Gegensatz zur Ideologie des Genderismus, beweisbare, evidenzbasierte und überprüfbare Erkenntnisse. Wenn also ausgerechnet die Genderasten über einen angeblichen „Biologismus" von Naturwissenschaftlern schwadronieren, diesen also auch den Hautgout ideologischer Motive zu unterstellen trachten, so ist das geradezu hanebüchen.

Besonders bemerkenswert erscheint der selten angesprochene Umstand, dass all das von den „Genderwissenschaften" verursachte Getöse um die angeblich Dutzenden von „sozialen Geschlechtern" einer außerordentlich kleinen Minderheit gilt, da doch mehr als 95 Prozent der Menschen überhaupt kein Problem damit haben, sich einem der beiden tatsächlich existierenden Geschlechter zuzuordnen und heterosexuell orientiert sind. Da der größte Teil der übrigen fünf Prozent homo- oder bisexuell ist, verbleibt eine geradezu verschwindend kleine Zahl von Menschen, die sich tatsächlich nicht festlegen wollen oder können, oder sich als „im falschen Körper geboren" wähnen. Viel Lärm also um (fast) nichts. Es ist keine geringe Leistung einer extrem kleinen, dafür aber umso lautstärkeren Minderheit, der gesamten Mehrheitsgesellschaft ihre Agenda erfolgreich zu oktroyieren und sie unausgesetzt vor sich herzutreiben.

Es geht um die Macht

Das Ziel der demokratisch gewählten Obertanen, wie auch das ihrer Zuträger von den wie Pilze aus dem Boden schießenden Genderlehrstühlen ist es, die totale Kontrolle über alle Lebensbereiche – und zwar auch über die allerprivatesten - zu erlangen. Dieser Wunsch machthungriger Individuen ist weder neu noch originell. Die Symbiose zwischen entschlossenen und nicht selten brutalen, häufig aber nicht besonders klugen Politikern und moralfreien Intellektuellen, die als ihre Berater fungieren, ist nicht neu. Was einst dem barbarischen Stammesführer der Medizinmann war, ist dem rezenten Premierminister der von Steuergeldern lebende Intellektuelle, beamtete Ökonom oder, in jüngerer Zeit leider vermehrt, auch der politikhörige Naturwissenschaftler. Schon Renaissancefürsten und Herrscher zur Zeit des Absolutismus hielten sich ihre Hausphilosophen, die ihnen die notwendigen Handlungsrechtfertigungen und Machtapologien lieferten. Jetzt vertrauen eben demokratisch gewählte Führer auf ihnen ergebene Berater aus dem Kreis der Intelligentzija. Seit der im Großteil Europas recht spät erfolgten Überwindung der Monarchien und der Etablierung der unter der Bezeichnung Demokratie firmierenden Despotie der Wählermehrheit wird peinlich darauf geachtet, den Begriff „Macht" nach Möglichkeit nicht zu gebrauchen. Kaum ein aufrechter Demokrat wird je zugeben, nach Macht zu streben. Erfolgreiche Politiker verstehen sich vielmehr auf das erfolgreiche Zünden von Nebelkerzen. Es geht ihnen – vorgeblich – nicht um die *Macht*, sondern um die *Demokratie* – als ob es sich dabei um einen Wert per se und nicht um ein bloßes Verfahren zur Ermittlung der die Macht ausübenden Eliten handelte.[1] So wollte beispielsweise Willy Brandt einst „mehr Demokratie wagen" und Bruno Kreisky „alle Lebensbereiche mit Demokratie durchfluten". Das klingt zwar viel harmloser als ein Bekenntnis dazu, Macht übernehmen und über die Bürger ausüben zu wollen, ist es aber nicht. Denn die nicht nur von diesen beiden in der Wolle gefärbten Linken apostrophierte „Demokratisierung" läuft letztlich darauf hinaus, alles Private, also jeden vom Bürger selbstbestimmten Raum, auszumerzen und/oder der Kontrolle und dem Willen des von den Gewählten angeführten Kollektivs zu unterwerfen.

Das ist den beiden Herren und allen anderen europiden Roten der 1970er-, 80er- und 90er-Jahre allerdings, sehr zum Verdruss ihrer nicht minder anmaßenden und machtgeilen Epigonen, die nun die Parlamente bevölkern, nicht vollständig gelungen. Die Sozialisten von gestern hatten sich nämlich allzu sehr auf die materielle Gleichmacherei, auf progressive Steuersysteme, auf Arbeitszeit- und Lohndiktate konzentriert und es darüber verabsäumt, andere wichtige Aspekte des Lebens unter ihre Fuchtel zu zwingen. Um das Endziel der Errichtung eines am Ameisenstaat oder an der Termitenkolonie maßnehmenden, sozialistischen Gemeinwesens zu erreichen, in welchem dem Einzelnen keinerlei Wert mehr zukommt, sofern er sich nicht auf ein Werkzeug im Dienste des Kollektivs reduzieren lässt, bedarf es daher, das haben die Genossen am Ende des 20. Jahrhunderts endlich erkannt, einer kräftigen Ausweitung ihrer destruktiven Agenda. Der traditionelle Klassenkampf gegen die „Reichen" und das Streben nach einer Sozialisierung der in Privathand befindlichen „Produktionsmittel" wird nun vom permanenten Krieg gegen alles abgelöst, was die einst bürgerlich-liberale Gesellschaft im Innersten bis heute noch immer zusammenhält. „Gender-Mainstreaming" ist ein Mittel zu diesem Zweck.

„Wenn es dem Esel zu wohl ist, geht er aufs Eis tanzen." Alte deutsche Volksweisheit

Es geht um nicht weniger als um einen Salto mortale, der die Menschheit zurück - weit hinter die Errungenschaften der Aufklärung - katapultieren soll. Es geht um ein von den Genderasten formuliertes, neues *Glaubensbekenntnis,* das an die Stelle vernunftbasierter Erkenntnis tritt; um nicht weniger als eine Revolte wider die Vernunft, die in einen Gegensatz zu von Linksideologen definierten „höheren Zielen" (z. B. „Solidarität" und „Antidiskriminierung") gesetzt und kurzerhand zur Untugend erklärt wird. Ein rezentes Beispiel bildet der Umgang mit der laufenden Völkerwanderung. Eine von der politischen Führung behauptete „höhere Moral" wird gegen geltende und aus gutem Grund erlassene Gesetze ausgespielt. Glaube gegen Vernunft. Die Vernunft bleibt, zugunsten einer dubiosen „Moral" und zudem auf fremder Leute Kosten, auf der Strecke. Es geht den Herrschenden faktisch um ein Zurück zur Stammesgesellschaft, in der mächtige Führer - also sie selbst - unumschränkt herrschen. Anders als früher, dienen ihnen heute allerdings nicht mehr Schamanen oder Geisterbeschwörer im Bärenfell um die Schultern und mit Geierfedern am Hintern als Ideenlieferanten und Herrschaftsapologeten. An deren Stelle ist jetzt die Klasse jener selbsternannten Intellektuellen, Medienhuren und in Universitäten tätige Sykophanten getreten, die sich im Dunstkreis der Macht behaglich eingerichtet haben und der Polit-Nomenklatura als willfährige Helfer dienen. Die Symbiose ist heute wie zu Attilas Zeiten perfekt. Der eine kann ohne die anderen nicht sein – und umgekehrt.

Teile und herrsche!

Die Etablierung und Ausübung totaler Herrschaft gelingt umso leichter, je stärker die Gesellschaft in ihre Bestandteile zerlegt und zersplittert ist und je besser es dem jeweiligen Regime gelingt, die einzelnen sozialen Gruppen gegeneinander auszuspielen: „Teile und herrsche!" Ein politischer Grundsatz, der Niccolò Machiavelli, dem Autor von „Il Principe" („Der Fürst"), dem in der Renaissance entstandenen Handbuch des absolut moralbefreiten Machterwerbs und -erhalts, zugeschrieben wird. Jeder „gute" Politiker muss es gelesen haben, denn es erklärt, wie's gemacht wird. Mittlerweile hat sich Machiavellis Credo längst zur Grundlage jeder „erfolgreichen" Politik gemausert, auch jener der demokratisch gewählten Herrschaft. Niemals waren die „liberal-demokratischen" Gesellschaften des einst freien Westens, der unentwegten Wühlarbeit der Vertreter politischer Partikularinteressen sei Dank, stärker in sich zerfallen als heute.

Das erscheint auf den ersten Blick zwar paradox, gehört doch die Beschwörung des „gesellschaftlichen Zusammenhalts" und geographisch möglichst weiträumig gefasster „Solidarität" zum Standardrepertoire der politischen Klasse – insbesondere der linken Kräfte. Mit schöner Regelmäßigkeit wird Kritikern einer immer weiter reichenden Umverteilungspolitik, einer die Vertragsfreiheit immer stärker abschnürenden Antidiskriminierungspolitik und den Gegnern der Massenzuwanderung in die Sozialsysteme europäischer Wohlfahrtsstaaten von moralinsauren linken Spießern „mangelnde Solidarität" vorgeworfen. Doch bei der von den politischen Eliten, Intellektuellen und Medienschaffenden fortwährend beschworenen „Solidarität" handelt es sich in Wahrheit um etwas völlig anderes, nämlich um einen von oben oktroyierten Zwang zur Konformität. Niemand, der keinen gesteigerten Wert darauf legt, unter lautem Getöse öffentlich vorgeführt und in Acht und Bann getan zu werden, kann ihm entrinnen. Wer für die großzügig gewährten Wohltaten am Ende bezahlt, ist denen, die sie am lautesten fordern einerlei, denn sie selbst sind es ja in gar keinem Fall. Schließlich bezahlen sie keine Steuern, sondern leben vielmehr davon. Je mehr die Welt auf dem Weg zum großräumig angerührten politischen Einheitsbrei voranschreitet, desto weniger wird den Produktiven zugestanden, die Früchte ihrer Arbeit selbst zu genießen. Da der zentral regierte Weltstaat unter der Führung einer weltfremden Bürokratenklasse immer näher rückt, ergeben sich für die Nonkonformisten eher düstere Perspektiven. Mit der Umsetzung der engagiert betriebenen „One World Order" werden für sie die letzten Rückzugsmöglichkeiten verschwinden. Wer von der immer begehrlicheren Obrigkeit in Ruhe gelassen werden will, wird am Ende genötigt sein, sich auf dem Mond oder auf dem Mars anzusiedeln.

Es kann nicht oft genug betont werden, dass sich Solidarität – z. B. mit unterprivilegierten Randgruppen der Gesellschaft, nicht erzwingen lässt. Solidarität ist nämlich, wie auch jede gute Tat, das Ergebnis einer freiwilligen Entscheidung, eines freien Entschlusses. „Gegenseitig füreinander einstehen" (so eine gängige Definition von Solidarität) können nur Menschen, denen verschiedene Handlungsoptionen zur Verfügung stehen und die eine freie Entscheidung zugunsten der Verbundenheit mit bestimmten ihrer Mitmenschen

treffen. Gute Taten kann nur vollbringen, wer sich auch dagegen
– also fürs Böse - entscheiden kann. Die freiwillige Verteilung aus
dem eigenen Vermögen stammender milder Gaben an Notleiden-
de hat folglich eine völlig andere Qualität als die vom Leviathan
gewaltsam erzwungene „soziale" Umverteilung. Wer – etwa durch
eine übergriffige Sozialgesetzgebung – zum Zwecke der materiellen
Umverteilung vom Staat seines rechtmäßig erworbenen Eigentums
beraubt wird, hat keine Handlungsalternative. Er muss per Ukas
„Gutes tun" und sich "solidarisch" zeigen – und tut und ist es daher
eben nicht.

Dienen oder herrschen?

Der große altösterreichische Ökonom Ludwig Mises stellte schon
in den 1920er-Jahren hellsichtig fest: „Wer den Menschen nicht dienen will, der will sie beherrschen."[2] Das ist es, was die herrschenden Dressureliten – gleich ob Politiker, Journalisten steuergeldfi-
nanzierter Medien oder Intellektuelle - treffsicher charakterisiert.
Sie entscheiden sich gegen den Gebrauch wirtschaftlicher und für
den Einsatz politischer Mittel.[3] Kaum ein bei Sinnen befindlicher
Mensch würde auch nur einen Cent seines sauer verdienten Geldes
dafür aufwenden, um freiwillig für ihre Hervorbringungen zu bezahlen. Weder fähig noch willens, mittels ehrlicher, von Bürgern
und Kunden nachgefragter Arbeit ihren Lebensunterhalt zu verdienen, verlegen die uneingeschränkt Staatsgläubigen sich daher
aufs Überwachen, Kontrollieren und Herumkommandieren. Ihr
Einkommen beziehen sie nicht aus wirtschaftlichen Mitteln, wie
Produktion oder Handel, sondern aus politischen Mitteln – aus der
Ausübung von Zwang und Gewalt. Groteskerweise dünken sie sich
dabei auch noch intellektuell und moralisch überlegen. In Wahrheit
sind sie aber nichts weiter als Drohnen – parasitär lebende, nutzlose
Ballastexistenzen.

Ihr Ziel ist, wie schon die des absolutistisch regierenden Monarchen, der indes, im Gegensatz zur heute herrschenden Plebs, immerhin noch eine göttliche Macht über sich anerkannte und in seinem Denken und Handeln daher nicht völlig bindungslos war, die totale Macht. Nur die von der gegenwärtigen Nomenklatura zur Erreichung ihrer Ziele eingesetzten Mittel haben sich, im Vergleich zum Vormärz oder zur Hochzeit des Totalitarismus des 20. Jahrhunderts, massiv verändert. Die Methoden sind subtiler, technologisch um vieles fortschrittlicher und um einiges reichhaltiger geworden. Die vergleichsweise einfachen Herrschaftsinstrumente, die in „1984" zum Einsatz kommen, sind längst überholt. Von den heute verwendeten Überwachungs- und Herrschaftsmitteln hatte George Orwell naturgemäß noch keine Ahnung. Zumindest vorderhand greifen die demokratischen Machthaber indes noch nicht zur Anwendung physischer Gewalt, um Dissidenten mundtot zu machen und ihre Ziele zu verwirklichen. Wiewohl: Die Formierung einer auf den Namen „Eurogendfor" hörenden „europäischen Gendarmerietruppe" – faktisch eine unter dem Kommando der Machtzentrale stehende, dem „Krisenmanagement" geweihte Bürgerkriegsarmee - lässt nichts Gutes hoffen. Künftig werden sich im Herrschaftsbereich Mordors lebende Dissidenten recht warm anziehen müssen.

Alles Private ist verdächtig!

Zweifellos hat die Welt seit 1848 dramatische Veränderungen erlebt. Eines hat sich seit den trüben Tagen, in denen Karl Marx seine zivilisationsfeindlichen Theorien zimmerte und zusammen mit seinem kongenialen Partner Friedrich Engels das „Kommunistische Manifest" verfasste, aber nicht geändert: Die aus Mann, Frau und Kindern bestehende Familie ist seither unausgesetzt das Ziel hasserfüllter Attacken aus der Ecke linker Gesellschaftsklempner und Konstruktivisten geblieben. Denn der auf rigorose Gleichmacherei und Atomisierung der Gesellschaft zielende Klassenkämpfer kann nichts weniger gebrauchen als private Rückzugsbiotope, staatsfreie Zonen, in denen seine Kommissare nichts zu melden haben. Die traditionelle Familie bildet eine derartige, staatsherrschaftsfreie Zone. Sie ist daher ein von allen historischen Sozialisten bis herauf in die Gegenwart, keineswegs also nur von Marx, Engels & Genossen, als Feindbild erkanntes Widerstandsnest, das es rücksichtslos zu zerstören gilt. Besonders der Griff nach den Kindern – möglichst schon von der Krabbelstube an, um sie den Eltern gründlich entfremden zu können – ist eine der dazu eingesetzten Waffen der herrschenden Kollektivisten. Kindesverstaatlichung mittels rigoroser Zwangsbeschulung war nicht zufällig schon einer der Programmpunkte des Kommunistischen Manifests".[4]

Der verbissene Kampf gegen „tradierte, heteronormative Rollenbilder" wird jetzt zum Vehikel des zum Genderismus mutierten Kulturmarxismus. Ergänzend zum von den Sozialisten in allen Parteien initiierten, totalen Krieg der sozialen Gruppen gegeneinander richtet sich ihre nie erlahmende kriminelle Energie nun auf die Auflösung der Geschlechter. Schließlich werde ja eine Frau „nicht als Frau geboren, sondern [mutmaßlich durch unterdrückerische Machos, Anm.] zur Frau gemacht", so die bizarre These einer der Ahnfrauen des Radikalfeminismus, Simone de Beauvoir. Schon zu ihrer Zeit erwies es sich offensichtlich als überaus erfolgreiche Strategie, sich zum wehrlosen Opfer eines angeblich übermächtigen Feindes zu erklären. Die politische Elite zögert aus naheliegenden Gründen auch keine Sekunde, sich zum Beschützer der vermeintlichen Opfer aufzuschwingen. Erlangt sie dadurch doch einerseits ein Unterdrückungsinstrument gegen die angeblichen Aggressoren und schwingt sich anderseits zum Vormund der vorgeblich Schutzbedürftigen auf (die von ihrer Schutzbedürftigkeit oft genug gar nichts wissen oder wissen wollen). Opferschutz erweist sich immer wieder als hervorragendes Instrument zum Ausbau politischer Macht.[5]

Schluss mit eigenständigem Denken!

Die Gender-Ideologie, deren krause Thesen allesamt in krassem Widerspruch zu den Erkenntnissen der Naturwissenschaften stehen, erhebt einen totalitären Anspruch auf die Gestaltung der Gesellschaftspolitik. So wie schon der klassische Marxismus erklärt auch sie alle Erwiderungen seitens ihrer Kritiker für irrelevant, weil ihren Zielen nicht dienlich. Auf der Basis einer strikten Ablehnung des von Aristoteles formulierten „Satzes von der Identität" (A=A) lässt sich eben jeder noch so haarsträubende Unsinn widerspruchsfrei beweisen. Da der von den Aufklärern geforderte Gebrauch des Verstandes die notwendige Voraussetzung dafür schafft, die Wahrheit zu erkennen, ist es linken Ideologen nicht länger ungestört möglich, im Trüben zu fischen. Denn blanker Unsinn ist unter diesen Umständen als solcher für jedermann leicht erkennbar. Daher gehen sie dazu über, jeden Anspruch darauf zu bekämpfen, den eigenen Verstand zu gebrauchen – würde sich folglich doch Widerstand zu ihren unermesslichen Ratschlüssen formieren. Es gibt, so die über die Deutungshoheit gebietende Nomenklatura, eben nur jene Wahrheit, die zu verkünden sie das Monopol beansprucht. Wer sich untersteht, davon abzuweichen, wird prompt als „Hetzer" denunziert, beschuldigt, ein „Hassprediger" oder noch Schlimmeres zu sein und fällt der gesellschaftlichen Ächtung, nicht selten auch der wirtschaftlichen Vernichtung, anheim.

„Die Ideologie der Nationalsozialisten basierte auf falscher Biologie, der Kommunismus auf falscher Soziologie." Françoise Thom, Professorin für moderne Geschichte an der Sorbonne

Ergänzend zum obenstehenden Zitat bleibt festzustellen: Der Genderismus bringt eine höchst ungesunde Mischung aus beidem zustande. „Polylogismus" heißt das Zauberwort, mit dem linkstotalitäre Desperados bis in unsere Tage operieren: Für jedermann gilt demnach eine spezifisch eigene Wahrheit. Die im 20. Jahrhundert durch Bolschewiken und Nationalsozialisten gelieferten, abschreckenden Vorbilder haben den rezenten Genderbewegten keinerlei Erkenntnisgewinn verschafft. Vielmehr feiert der Wertrelativismus weiterhin fröhliche Urständ´. Nach der Philosophie des Polylogismus gibt es beispielsweise sowohl eine schwarze als auch eine weiße, eine christliche und eine islamische Ökonomie, die miteinander nichts zu tun haben. Außerdem existiere natürlich auch eine männliche Logik, die sich grundlegend von der weiblichen unterscheide. Für die einen sei demnach zum Beispiel 2+2=4, für andere dagegen gelte 2+2=5. Auf dieser Basis wird sichergestellt, dass ein Dialog zwischen den verschiedenen, einander verständnislos und unversöhnlich gegenüberstehenden Gruppen von Wissenden und Gläubigen unmöglich ist und auch bleibt. Wer aber mit seinem Gegenüber keine gemeinsame Diskussionsgrundlage findet, dem bleibt am Ende nur noch der Griff zur Waffe. Wir werden dann wieder in der Steinzeit angelangt sein. Damit wird der von den Linken angestrebte „natürliche" Urzustand des Menschengeschlechts wiederhergestellt, als Mord und Totschlag und nicht Dialog und Vertrag den Umgang der einzelnen Horden miteinander bestimmten. Ist das nicht Fortschritt in seiner edelsten Form?

Orwell treibt den damals wie heute aktuellen Polylogismus in seinen dystopischen Romanen auf die Spitze, wenn er etwa in „1984" „Neusprech" und „Doppeldenk" einführt. Bei dieser Art der bewusst herbeigeführten Begriffsverwirrung handelt es sich um das unverzichtbare philosophische Handwerkszeug des totalitären Herrschers in einer mystischen Welt: „Krieg ist Frieden, Freiheit ist Sklaverei und Unwissenheit ist Stärke." Aristoteles ist damit widerlegt: A≠A. Nichts ist, wie es scheint. Jeder bastelt sich seine eigene, ihm passend erscheinende Wahrheit. Eine Unterscheidung zwischen Richtig und

Falsch aufgrund objektiver Kriterien ist daher nicht mehr zulässig, ja wird sogar unmöglich. Alles ist moralisch gleichwertig und daher gleich gut. Ob in einer Gesellschaft Kleinkriminelle verstümmelt werden oder nicht macht keinen Unterschied. Ob es schwere Körperstrafen und/oder staatliche Umerziehungsprogramme für Systemkritiker gibt ebenso wenig. Eine Wertung auf einer Richtig-Falsch-Achse wäre Ausfluss faschistoiden Denkens und ist daher verboten. Wer es dennoch wagt, wird als Kulturrassist, als unbelehrbarer Reaktionär oder gleich als Rechtsradikaler diffamiert. Die zerstörerische Wirkung dieses angewandten Wahnsinns, der auch in die öffentliche Zwangsbeschulung des Wohlfahrtsstaates Einzug gehalten hat, ist mit Blick auf die Kinderseelen ebenso wenig zu übersehen, wie ihr durchwegs destruktiver Einfluss auf die Entwicklung der westlichen Gesellschaften in toto.

Der Irrsinn kennt keine Grenzen, wenn er erst einmal akademisiert ist

Mehr als 50 „soziale Geschlechter" haben die das große Wort führenden Genderasten mittlerweile entdeckt. Täglich werden es mehr. Langsam wird es schwierig, den Überblick zu behalten - und das ist auch exakt der Zweck der Übung. Vox populi vox Dei. Ein althergebrachter Sinnspruch, der den Gipfel der Konfusion ausdrücken soll, lautet: „Ich weiß nicht mehr, ob ich ein Mandl oder ein Weibl bin!" Da ist was dran. Denn wer sich nicht einmal mehr über sein Geschlecht im Klaren ist, das sich – je nach durch äußere Umstände bedingte Gefühlslagen - noch dazu täglich ändern kann, findet sich allein wohl in überhaupt keiner Sache mehr zurecht. Er/sie bedarf daher immerfort einer helfenden Hand. Wer oder was böte sich dafür aber eher an als der allgegenwärtige Große Bruder, der ihn/sie leitet, führt und nährt? In einer atomisierten, bindungslosen Gesellschaft ohne intakte Familienstrukturen kann diese Rolle gar niemand anderem zufallen als dem Leviathan.

„Gender Mainstreaming", eine Art akademisierter, letztlich zur Autodestruktion führender Irrsinn, treibt die Untertanen in die weit ausgebreiteten Arme des staatlichen Kollektivs – und zwar auf so effektive Weise, wie es weiland allenfalls das Terrorbombardement deutscher Städte durch die RAF zuwege brachte. An wen sollte oder könnte der existentiell Bedrängte und grundlegend Verwirrte sich denn auch um Beistand wenden, wenn nicht an den einzigen, zu dem er noch über intakte Bindungen verfügt – nämlich zum Staat? Die Zerstörung sämtlicher sozialer Bindungen, die kollektive Verwirrung der Untertanen und deren daraus resultierende Hilflosigkeit und Staatsgläubigkeit bilden den Stoff, aus dem die Politbüros der Gegenwart ihre bleierne Herrschaft zimmern. „Gender Mainstreaming" hilft ihnen dabei.

Der Kampf für die Geschlechtergleichstellung – das war vorgestern. Jetzt geht es um nichts weniger als um die Errichtung des totalen Staates unter tatkräftiger Mithilfe einer winzig kleinen, völlig abgehobenen Minderheit von Elfenbeinturmbewohnern. Der von ihr ausgerufene totale Krieg gegen jede Form von Tradition, ja sogar gegen die Biologie, trägt den Titel „Gender Mainstreaming". Dass längst auch (ehemals) bürgerliche Kräfte als nützliche Idioten extrem linker Ideologinnen fungieren, ist einer der besonders befremdlichen Aspekte dieses „Leitziels" der EU.

Nichts verschafft den Mächtigen mehr Handlungsspielraum, als ihre vermeintlich lupenreine Moral, die zu beschwören sie nicht müde werden. Es geht dabei, wie so oft, um den ewigen Widerstreit zwischen Gesinnung und Verantwortung. Rechte Individualisten (Verantwortungsethiker) pochen auf eine Beurteilung der Ergebnisse menschlichen Handelns. Für sie zählt, was am Ende herauskommt. Für linke Kollektivisten (Gesinnungsethiker) dagegen heiligt allein der erträumte Zweck jedes Mittel, während sie sich durch die Ergebnisse ihres Handelns gewöhnlich nicht irritieren lassen, falls damit nicht das Gewünschte erreicht wird. Dann kann es jedenfalls nicht an einer falschen Auswahl der Ziele liegen, sondern allenfalls an einer zu milden Anwendung der eingesetzten (Gewalt-)Mittel. Denn wo gehobelt wird, da fallen eben bekanntlich Späne. Wäre es anders würden Linke ergebnisorientiert handeln, dann wären sie, wie die russisch-amerikanische Philosophin und Erfolgsautorin Ayn Rand es in einem ihrer Spätwerke so treffend formuliert, längst entschiedene Befürworter einer kapitalistischen Marktwirtschaft, die wie kein anderes Gesellschaftssystem den Bedürfnissen der Menschen Rechnung trägt.[6]

Für die politischen Eliten und deren nach dem Motto „Wes´ Brot ich ess´, des´ Lied ich sing" lebenden Zuträger und Komplizen erweist sich die alle Lebensbereiche durchdringende Querschnittspolitik des „Gender Mainstreamings" als hervorragendes Vehikel zur Verwirklichung des von ihnen angestrebten, totalitären Gemeinwesens. Dafür, den Anfängen zu wehren, ist es längst zu spät. Es ist aber nie zu spät, den frechen Anmaßungen der schon mit der Erfüllung ihrer Grundaufgaben, nämlich der Aufrechterhaltung der Sicherheit im Innern und nach Außen, und der Organisation einer unparteiischen Rechtsprechung weit überforderten Obertanen entschlossen entgegenzutreten. „Mannesmut vor Fürstenthronen" tut not, wie Ernst Moritz Arndt es einst formulierte. Heute gilt das in besonderer Weise, da auf den Thronen längst allerlei Glücksritter und anderes nichtsnutziges Volk Platz genommen haben.

Dieser Text wurde erstmals veröffentlicht im Sammelband:

Christian Günther/Werner Reichel (Hg.)
„Genderismus – Der Masterplan für die geschlechtslose Gesellschaft"
Frank&Frei, zweite, erweiterte Auflage 2017

[1] *Hans-Hermann Hoppe „Demokratie, der Gott der keiner ist"*
[2] *Ludwig Mises „Bürokratie", S. 98*
[3] *Franz Oppenheimer: „The State", S. 24*
[4] *Kommunistisches Manifest: http://www.mlwerke.de/me/me05/me05_003.htm*
[5] *Paul Gottfried: „Multikulturalismus und die Politik der Schuld"*
[6] *Ayn Rand: „Zurück in die Steinzeit" S. 351*

4. Eskapismus – Vermassung, Vereinzelung und die Folgen

„Wer über Menschen herrschen will, sucht sie zu erniedrigen; ihren Widerstand und ihre Rechte ihnen abzulisten, bis sie ohnmächtig vor ihm sind wie Tiere." Elias Canetti [1]

Unter dem Stichwort „Eskapismus" findet sich im Internetlexikon Wikipedia folgender Eintrag: „[...] Realitätsflucht, Wirklichkeitsflucht oder Weltflucht, bezeichnet die Flucht aus oder vor der realen Welt und das Meiden derselben mit ihren Anforderungen zugunsten einer Scheinwirklichkeit [...] Eskapismus wird als eine Fluchthaltung oder Ausbruchshaltung, als bewusste oder unbewusste Verweigerung gesellschaftlicher Zielsetzungen und Handlungsvorstellungen verstanden."

Inwieweit diesem Befund zuzustimmen ist oder nicht, insbesondere dem Aspekt der darin unterstellten Flucht in eine *„Scheinwirklichkeit",* sei dahingestellt. Viele Zeitgenossen fliehen ja keineswegs aus der Realität, sondern vielmehr vor konkreten Bedrohungen. Ihnen geht es beispielsweise darum, dem immer schwerer lastenden Konformitätsdruck auszuweichen, den die auf blütenreiner politischer Korrektheit bestehenden Dressureliten auf sie ausüben. Denn kritische Geister, die mit offenen Augen durchs Leben gehen, müssen erkennen, dass diejenigen, die keiner privilegierten Minderheit angehören, für welche eine politisch instrumentalisierte Strafjustiz jederzeit Extrawürste zu braten bereit ist, dieser Tage schon für das Einstellen einer nichtkonformen oder geschmacklosen Bemerkung auf „Facebook" oder „Twitter" wegen des Tatbestands der „Verhetzung" Bekanntschaft mit dem Staatsanwalt machen. Mit unerwünschten Wortmeldungen landet man heute schneller auf der Anklagebank als illegal eingereiste „Flüchtlinge" wegen von ihnen begangener Gewaltverbrechen.

Während sich die allgemeine Sicherheitslage – entgegen der auf geschönten Statistiken basierenden Regierungspropaganda - dramatisch verschlechtert, stellen beamtete Staatsschergen nach wie vor bevorzugt Falschparkern, Steuersündern und jenen harmlosen Menschen nach, die sich via Internet als Dissidenten zu erkennen geben, anstatt gegen wirklich gefährliche Subjekte vorzugehen. Die Bekämpfung von „Hate Speech" und die Verteilung von Maulkörben an Nonkonformisten haben Vorrang vor der Bekämpfung der zunehmenden Gewalt im Alltag. Das nutzt zwar ausschließlich den erklärten Feinden unserer Gesellschaft, garantiert allerdings den Applaus der über die Deutungshoheit gebietenden linken Intelligentzija, die mit einem die Wahrnehmung vernebelnden Selbsthass geschlagen ist. Mehr und mehr Bürger nehmen indes die eigene Regierung und deren Handlanger inzwischen eher als eine feindliche Besatzungsmacht wahr, denn als eine in ihren Diensten stehende Organisation. Allfällige Absetzbewegungen der Betroffenen haben mit einer „Flucht in eine Scheinwirklichkeit" folglich nicht das Geringste zu tun.

Als gesichert darf gelten, dass Eskapismus ein Verhaltensmuster darstellt, das als eine Reaktion auf bestehende und/oder sich verschlechternde Lebensumstände zu bewerten ist und das bestimmte Ausweichmanöver mit sich bringt. Die Ursachen der Fluchtbewegungen können verschiedenster Art sein.

Dieses Kapitel beschäftigt sich nicht mit der Realitätsflucht jener bemitleidenswerten Individuen, die ihr Leben nicht bewältigen und daher zu Drogen greifen, oder die der Leere ihres Daseins entfliehen wollen, indem sie sich dem Konsumrausch, hemmungsloser Promiskuität oder der Beschäftigung mit eitlen Weltrettungsaktivitäten hingeben. Hier geht es vielmehr um rational denkende und handelnde, selbstbewusste Menschen, die in Freiheit leben wollen. Auf sie übt das Angebot der wohlfahrtsstaatlichen Stallfütterung keinen Reiz aus. Sie widerstehen daher standhaft ihrer „Verhausschweinung"[2]. Für diese freisinnigen Geister bildet der zunehmend alle Lebensbereiche in einer immer aggressiveren Art durchdringende Gouvernantenstaat die Hauptursache aller möglichen Arten individueller Absetzbewegungen.

Der neue Gott heißt Staat

Immer noch hat der Leviathan leichtes Spiel, denn wer sich – auch geistig - nicht bewegt, erkennt eben seine Fesseln nicht. Wohlgenährte Sklaven waren und sind allemal die schärfsten Gegner der Freiheit. Für sie gibt es keinen Grund zum passiven oder gar aktiven Widerstand gegen eine außer Rand und Band geratene Obrigkeit. Sie ziehen die vom paternalistischen Vollkaskostaat, der an Gottes Stelle getreten ist, vermeintlich garantierte Sicherheit einer Freiheit vor, die notwendigerweise mit persönlicher Anstrengung und Verantwortung verbunden ist. Der wohlfahrtsstaatlich konditionierte Massenmensch liebt die Segnungen der zunehmend totalitäre Züge annehmenden, hoheitlich veranlassten Vollversorgung. Sie enthebt ihn jeder individuellen Anstrengung und Verantwortung. Gefordert wird von den Wohlfahrtsjunkies nichts weiter als die totale Unterwerfung und der Verzicht auf jegliche Kritik, die mittlerweile rigoros kriminalisiert wird.

Dass die orientierungslosen Einzelnen innerhalb einer Massengesellschaft nach Führern Ausschau halten, verwundert nicht. Das wäre ja auch dann mit keinen so üblen Konsequenzen verbunden, wenn das politische Führungspersonal nicht von so unbeschreiblich schlechter Qualität wäre.

„Die Masse ist eine Herde, die sich ohne Hirten nicht zu helfen weiß. [...] Meistens sind die Führer keine Denker, sondern Männer der Tat. [...] Man findet sie namentlich unter den Nervösen, Reizbaren, Halbverrückten, die sich an der Grenze des Irrsinns befinden."
Gustave Le Bon [3]

Da die einzelnen Scheibchen, die eine immer zudringlicher agierende Obrigkeit von der bürgerlichen Freiheit abschneidet, recht dünn sind, wird der Vorgang einer großen Mehrheit kaum bewusst. Salamitaktik. Jedes einzelne der täglich neu hinzutretenden Ge- und Verbote bedeutet zwar eine weitere Machtumverteilung vom Bürger zur Bürokratie, erscheint der Masse aber als zu unbedeutend, um dagegen robusten Widerstand zu entwickeln. Dennoch wird einer wachsenden Zahl von Bürgern klar, dass ihre Freiheit immer weiter eingehegt und ihre Privatsphäre immer weiter abgeschnürt wird. Das führt zwar zu persönlichem Unbehagen, dem versucht wird, mit einer Entwicklung von Vermeidungsstrategien zu begegnen, nicht jedoch zu einem offenen Regelbruch, der ja jedenfalls mit gnadenlosen, gesellschaftlichen und/oder strafrechtlichen Sanktionen geahndet würde.

Die Ausbildung einer wohlfahrtsstaatlich-sozialistischen Massengesellschaft geht Hand in Hand mit der Bindungslosigkeit und Vereinzelung einer immer größeren Zahl von Menschen. Die Ursache dafür liegt primär in der planmäßigen Zerstörung des Instituts der Familie, die zu jeder Zeit den Hauptangriffspunkt aller linken Utopisten gebildet hat. Wer nach der totalen Macht strebt, muss die traditionelle Familie, die einen autonomen, staatsfreien

Raum bildet, um jeden Preis liquidieren. An die Stelle schwer kontrollierbarer, kleinräumiger interpersoneller Beziehungen treten Ansprüche und Gehorsamsverpflichtungen gegenüber staatlichen Wohlfahrtseinrichtungen, die den Einzelnen von jeder persönlichen Verantwortung für Dritte – und am Ende auch für sich selbst – entbinden. Letztlich stehen Millionen von bindungs- und wurzellosen Individuen ohnmächtig dem gottgleichen Leviathan gegenüber. Das Band zu ihm ist das einzige, das noch übrig ist. Gemeinschaften auf niederschwelligem Niveau haben keine Bedeutung mehr. Die Gesellschaft ist atomisiert. Fazit: Gemeinwesen, die erst einmal die schiefe Ebene des Sozialismus betreten haben, können sich nicht mehr aus eigener Kraft halten und werden unweigerlich abrutschen.

Privatsphäre

Die Summe aller in den letzten Jahren und Jahrzehnten erfolgten Freiheitseinschränkungen ist erschreckend. Deren ganzes Ausmaß erweist sich allerdings erst dann, wenn man den Istzustand mit der Situation von vor 20 oder 30 Jahren vergleicht. Damals war es etwa noch möglich, sich in Großstädten zu bewegen, ohne auf Schritt und Tritt von Videokameras überwacht zu werden. Was nur wenigen bewusst ist: Die Verknüpfung dieser Videoaufzeichnungen mit biometrischen Daten ermöglicht die Erstellung lückenloser Bewegungsprofile für jeden erfassten Bürger. Wer sich wann wo aufhält, ist für Big Brother nicht länger ein Geheimnis. Die Verwendung von Kredit- und Bankomatkarten sowie Smartphones komplettiert das Puzzle. Das alles wäre nicht weiter schlimm? Man stelle sich vor, die auch in Europa herrschenden Terrorregime der Vergangenheit hätten über jenes Arsenal an Kontroll- und Überwachungsmöglichkeiten verfügt, über das die Nomenklatura heute gebietet! Kein Dissident, kein wegen seiner Klassen- oder Rassenzugehörigkeit Verfolgter wäre ihnen je entkommen. Das eröffnet, angesichts der

Entwicklung des europiden Imperiums und der in dessen Politbüro handelnden Akteure, keine sehr ermutigenden Perspektiven.

Noch vor wenigen Jahren konnten die Behörden die Bewegungen ihrer Bürger auch deshalb noch nicht so gründlich kontrollieren, weil es nur eine kleine Minderheit war, die der Segnungen der mobilen Telekommunikation teilhaftig war, die das heute problemlos möglich macht. Wenn aber die Regierungen – ohne jeden konkreten Anlassfall – sämtliche Bürger einer lückenlosen Überwachung unterwerfen, so behandeln sie diese wie potentielle Verbrecher. Das erscheint vielen besorgten Bürgern – völlig zu Recht – unerträglich, zumal Videoüberwachungssysteme ja ganz und gar ungeeignet sind, um für die Sicherheit im öffentlichen Raum zu sorgen. Kameras können Verbrechen ebenso wenig verhindern wie die beamteten Voyeure, die vor den Monitoren sitzen. Mehr als die allfällige Aufzeichnung eines Verbrechens schaut bei der kostspieligen Chose am Ende nicht heraus. Für allfällige Kriminalitätsopfer ist das ein denkbar schwacher Trost.

Dass sich der Fiskus gegenwärtig – im Gegensatz zur Situation vor der Abschaffung des Bankgeheimnisses - einfach per Mausklick in Sekundenschnelle einen Überblick über die Höhe und Zusammensetzung des Privatvermögens jedes einzelnen Bürgers verschaffen kann, ist eine höchst beunruhigende Tatsache, die allerdings diejenigen ungerührt lässt, deren Vermögen das Ausmaß eines Gebrauchtwagens und eines Gewerkschaftsausweises nicht übersteigt. Wozu aber sollte es denn gut sein, dass der stets verschuldete, weil chronisch verschwendungssüchtige Staat über die Höhe von Privatvermögen so präzise im Bilde ist – wenn nicht zur Vorbereitung konfiskatorischer Übergriffe?

Die Privatsphäre – also jener Raum, in dem der Bürger keinerlei Erklärungs- oder Rechtfertigungsverpflichtungen gegenüber Dritten, insbesondere nicht gegenüber der Obrigkeit unterliegt – ist ein hohes Gut, ja sogar eines der höchsten. So ist beispielsweise Artikel 13 der Schweizerischen Bundesverfassung mit „Schutz der Privatsphäre" überschrieben. Das Recht auf Privatheit wird im Englischen mit „the right to be let alone" definiert. Libertäre fordern sinngemäß das Recht ein, „in Ruhe gelassen zu werden", sehen darin sogar das einzig wahre Menschenrecht überhaupt.[4]

Privatsphäre bedeutet Freiheit – die Abwesenheit willkürlichen Zwanges, wie der Ökonom und Sozialphilosoph F. A. Hayek es formuliert. Das erklärt auch den bemerkenswerten Furor, mit dem die erbitterten Feinde der Freiheit sie bekämpfen. Man erinnert sich an den Schlachtruf der 68er: „Alles Private ist politisch." Heute, nach dem erfolgreichen Marsch der ungewaschenen 68er-Hippies durch die Institutionen, verfügen sie oder ihre nicht minder unappetitlichen, dafür aber noch schlechter gebildeten Epigonen – als Minister, Abgeordnete Sektionschefs, Richter, Staatsanwälte oder Redakteure der gleichgeschalteten Massenmedien – die nahezu uneingeschränkte Macht, alles Private bis in den letzten Winkel auszuleuchten und damit zu zerstören. Wer im naiven Glauben lebt, dass er ja nichts zu verbergen und daher – schließlich leben wir in einer stabilen Demokratie – auch nichts zu befürchten habe, könnte eines Tages auf schreckliche Weise eines Besseren belehrt werden.

„Wir gehen in den Reichstag hinein, um uns im Waffenarsenal der Demokratie mit deren eigenen Waffen zu versorgen."
Joseph Goebbels[5]

Aus welchen Quellen sich die seltsame Vorstellung speist, dass eine Demokratie garantiert dauerhaften Bestand habe und – selbst wenn das der Fall sein sollte – der demokratisch verfasste Staat niemals in den übelsten Totalitarismus abgleiten könnte, erscheint rätselhaft. Die allgemein zu beobachtende Geschichtsvergessenheit mag eine Erklärung dafür bieten: Wie vielen unserer Zeitgenossen ist schon bewusst, welch dramatische Entartungen Demokratien – von Deutschland bis Italien (von Beispielen in Lateinamerika und Afrika ganz zu schweigen!) – am laufenden Band erlebten und erleben? Sind nicht einst auch die Nationalsozialisten auf blütenrein demokratische Art in die Regierungsverantwortung gelangt? Und trifft dasselbe nicht auch auf eine ganze Reihe anderer Politdesperados rund um den Globus zu?

Wer allzu fest daran glaubt, der gegenwärtig herrschende Zustand relativer Freiheit könne niemals enden, liegt mit Sicherheit daneben. Die Freiheit, die sich unter anderem in der Existenz eines unantastbaren staatsfreien Raumes manifestiert, in dem ausschließlich private Regeln gelten, muss nämlich stets gegen die unentwegt rollenden Angriffe machtgieriger Politiker und regulierungswütiger Bürokraten verteidigt werden. Exakt das aber geschieht nicht. So paradox es zunächst klingen mag: Grenzen schaffen Freiheit. Freiheit vor zudringlichen Blicken, vor unangemessenen Forderungen und vor Übergriffen aller Art. Wirklich gefährlich sind allerdings nur Übergriffe von Staats wegen, da gegen diese eine Abwehr entweder unstatthaft oder, wegen der gewaltigen Asymmetrie der Machtverhältnisse, schlicht unmöglich ist. Es ist also notwendig, die Sphäre des Privaten, in der staatliche Späher und Regulatoren nichts zu suchen haben, klar vom öffentlichen Raum abzutrennen, in dem es angesichts der modernen Technik ohnehin unmöglich ist, der Totalüberwachung und -regulierung zu entkommen.

Die Tyrannei der „Guten"

Ob der in Entstehung befindliche europide Superstaat eher kommunistische, nationalsozialistische oder faschistische Züge tragen oder aber auf eine Diktatur der scheinbar Guten und Wohlmeinenden hinauslaufen wird, ist für seine Insassen – besonders die Freisinnigen unter ihnen - von geringer Bedeutung. Was zählt ist, dass von dcren Freiheit so oder so die letzten verbliebenen Reste – unter den wohlwollenden Blicken linker Intellektueller und der erdrückenden Mehrheit des ebenso dumpfen wie staatsgläubigen Stimmviehs - in Stücke geschossen werden.

„Von allen Tyranneien dürfte jene Tyrannei, die zum Wohle ihrer Opfer ausgeübt wird, zu den schlimmsten zu zählen sein. Es dürfte besser sein, unter der Herrschaft einer Räuberbande als unter allmächtigen, moralischen, sich bei uns einmischenden Wichtigtuern zu leben. Die Grausamkeiten des Räuberhauptmanns dürften zeitweise erschlaffen, seine Habgier dürfte an einem bestimmten Punkt gesättigt sein; aber jene, die uns zu unserem eigenen Besten quälen, werden uns ohne Ende weiter quälen, weil sie das unter dem Beifall ihres eigenen Gewissens tun." Clive Staples Lewis [6]

Ist es in Ordnung, dass die Bürger – immerhin ist die Rede von erwachsenen, mündigen und wahlberechtigten Menschen - nicht einmal mehr über die Beschaffenheit ihrer Wohnzimmerbeleuchtung oder die technischen Daten ihrer Staubsauger autonom entscheiden dürfen, sondern ihnen vielmehr beamtete Technokraten vorschreiben, was sie sich anschaffen und in Betrieb nehmen dürfen? Dass die regulierungsbesoffenen Grünen in Österreich mittlerweile sogar die Toilettengewohnheiten der Bürger zu reglementieren trachten, indem sie ihnen den Gebrauch feuchten Toilettenpapiers untersagen wollen (mit der Begründung, derartige „Feuchttücher" seien ein

Problem bei der Abwasserklärung), ist ein zwar groteskes, zugleich aber auch zeitgeistig-typisches Signal. Kein noch so irrsinniger Regulierungsexzess scheint mehr unmöglich.

Dass der Privatheit rechtmäßig erworbenen Einkommens und Vermögens, unter Hinweis auf die unerhörte Unterstellung der Garaus gemacht wird, dass ohnehin nur Waffenschieber, Steuerhinterzieher und Drogendealer an einem Bankgeheimnis und an der Verwendung von Bargeld interessiert seien, ist eine weitere Ungeheuerlichkeit. Denn in einem Rechtsstaat (so es den überhaupt gibt, ja geben kann!), hat immer noch der Ankläger die Delinquenz des Beschuldigten nachzuweisen. Für unbescholtene Bürger besteht daher keinerlei Veranlassung, unentwegt die Rechtmäßigkeit des Besitzes von ihnen erworbenen Vermögens zu beweisen. Genau das aber wird mittlerweile bei jeder Transaktion, die ein bestimmtes Wertlimit übersteigt, von Amts wegen gefordert.

Rechtsprinzipien, die sich aus guten Gründen über Jahrhunderte hinweg entwickelt haben und die zum Teil bis in die römische Antike zurückreichen, werden auf diese Weise unter dem Applaus von Besitzlosen und Kontrollfreaks bedenkenlos auf dem Altar der politischen Opportunität geopfert. Die Rechte einer gewaltigen Mehrheit unbescholtener Zeitgenossen mit dem Hinweis auf die Umtriebe einer kleinen kriminellen Minderheit abzuschaffen, ist schlichtweg hirnverbrannter Unfug – oder dient einer dubiosen „hidden agenda".

Das die schiere Masse verherrlichende demokratische Prinzip, das auf die Diktatur der Mehrheit und eine konsequente Unterdrückung von Minderheiten hinausläuft, fordert seinen Tribut. Wer meint, Qualität beharrlich durch Quantität ersetzen zu können, leistet unausweichlich dem kollektiven Niedergang Vorschub. Denn Kollektive treffen niemals weisere Entscheidungen als kluge Einzelpersonen.

„Allein durch die Tatsache, Glied einer Masse zu sein, steigt der Mensch also mehrere Stufen von der Leiter der Kultur hinab. Als Einzelner war er vielleicht ein gebildetes Individuum, in der Masse ist er ein Triebwesen, also ein Barbar." Gustave Le Bon [7]

Der Eskapismus unserer Tage hat mit dem Versuch zu tun, sich dem Zugriff der Masse – der anmaßenden Mehrheit des demokratischen Kollektivs respektive dessen gewählten Repräsentanten - zu entziehen. Gustave Le Bon trifft in seinem wohl bekanntesten Werk „Masse und Macht" die jederzeit überprüfbare Feststellung, dass eine aus gebildeten Menschen bestehende Masse kaum klügere Entscheidungen zu treffen imstande ist als eine von einfachen Wasserträgern. Das hat für die westlichen, einstmals wenigstens zum Teil liberalen Gesellschaften, in denen das Urteil des Einzelnen heutzutage allerdings gar nichts mehr zählt, sondern sich vielmehr alles am Kollektiventscheid einer vom Wohlfahrtsstaat korrumpierten stallgefütterten Mehrheitsmasse orientiert, weitreichende Konsequenzen.

Über den Treppenwitz der Geschichte, dass es ausgerechnet der liberal-kapitalistische Industriestaat war, der die Existenz seiner erbittertsten Feinde erst möglich gemacht, ja *der sie erst geschaffen* hat, ist bereits vielfach geschrieben worden. Erst der durch eine hochproduktive Privatwirtschaft gebildete materielle Wohlstand ermöglicht es nämlich dem postmodernen Wohlfahrtsstaat, jene „soziale Umverteilung" durchzuführen, die zu einem großen Teil besagten Kapitalismuskritikern und glühenden Etatisten zugutekommt, für die es in einem nach marktwirtschaftlichen Kriterien organisierten Gemeinwesen keinen Platz, vor allem aber kein Einkommen, gäbe. Diese Kaste von gänzlich unproduktiven Ballastexistenzen, die keinen Tag ihres Lebens mit wertschöpfenden Tätigkeiten verbringen und die sich in der Politik, in den Universitäten, in mit Steuergeldern hochsubventionierten Medienbetrieben und im Dunstkreis staatsalimentierter „Nichtregierungsorganisationen" festgesetzt hat, beschäftigt sich nun mit nichts anderem als damit, ihre Existenz durch die unentwegte Bevormundung der angeblich unwissenden Bürger zu rechtfertigen. Natürlich wissen diese Leute, dass ihr Dasein für die Gesellschaft wertlos ist. Da auf Dauer aber niemand, auch nicht der hartgesottenste Zyniker, mit der Einsicht in die Überflüssigkeit der eigenen Tätigkeit leben kann, werden Rationalisierungen vorgenommen. Auf diese Weise war und ist es selbst den übelsten Schergen der blutigsten Unrechtsregime möglich, ihr Treiben vor sich selbst und allen anderen reinzuwaschen und mit Sinn „*im Dienste der (Volks-)Gemeinschaft*" zu erfüllen.

„*Die Menge [...] nimmt die besten Plätze der Gesellschaft ein. [...] Es gibt keine Helden mehr; es gibt nur noch den Chor. [...] So macht sich im geistigen Leben [...] der zunehmende Triumph der unqualifizierten, unqualifizierbaren und durch ihre besondere Anlage gerade nicht qualifizierten Pseudointellektuellen geltend.*" Ortega y Gasset [8]

Die Politnomenklatura erachtet es als ihre vornehmste Aufgabe, die Ideen staatsalimentierter Intellektueller aufzunehmen und in Gesetzesform zu gießen. Ergebnis ist die bereits oben angesprochene, immer dichtere Reglementierung aller Lebensbereiche, die weitgehende Unterdrückung unternehmerisch-kreativen Schaffens und die Züchtung einer immer größer werdenden Zahl von Menschen, die von staatlichen Zuwendungen abhängig und damit willfährig sind, und die in der Freiheit „der anderen" nicht etwa Chancen, sondern vielmehr eine eminente Bedrohung sehen.

Gewinner und Verlierer

„Wer etwas kann, der tut es; wer nichts kann, der unterrichtet es", lautet ein aus dem Englischen stammender Kalauer mit hohem Wahrheitsgehalt. Wer produktiv tätig sein und damit seinen Mitmenschen dienen möchte, der macht nicht viel Aufhebens davon, sondern gründet ein Unternehmen oder heuert bei einem privaten Wirtschaftsbetrieb an und legt los. Wer das nicht im Sinn hat, schwadroniert dagegen vom „Verantwortung übernehmen" und geht in die Politik oder in den Staatsdienst, wo er fortan jene nach Kräften an der Arbeit hindern wird, die die Wertschöpfung erbringen, aus der sein Gehalt finanziert wird. Verrückt.

Es ist nämlich nicht so, dass die Tätigkeit von Bürokraten jener entspräche, die der Ökonom Maynard Keynes beschrieben hat, als es ihm darum ging, ein Mittel gegen die Arbeitslosigkeit zu finden. Der Mann schlug zu diesem Behufe bekanntlich vor, Arbeiter am Vormittag eine Grube ausheben zu lassen, die diese am Nachmittag wieder zuschütten sollten. Schon steht ein zuvor Arbeitsloser in Lohn und Brot. Natürlich schafft diese Tätigkeit zwar keinerlei Mehrwert, sie schadet aber auch niemandem. Diese Arbeit ist sozusagen „neutral". Gänzlich anders verhält es sich mit der Tätigkeit von Politkern und Bürokraten. Die bremsen und behindern ja mit jeder neuen von ihnen erdachten Regulierung produktiv tätige Menschen und halten sie von ihrer wertschöpfenden Tätigkeit ab, indem sie ihnen etwa allerlei unnützen Papierkrieg aufzwingen, der mit dem Geschäftsinhalt nicht das Geringste zu tun hat. Am Ende fronen alle auf die eine oder andere Weise für den Großen Bruder – und sei es nur in ihrer Eigenschaft als Steuerzahler. Oft genug schrecken Politik und Bürokratie potentielle Entrepreneure gänzlich ab, indem sie derart prohibitive Betätigungshindernisse errichten, dass die es gleich ganz bleiben lassen oder ins Ausland abwandern.

Der Staat teilt seine Insassen in zwei Klassen: Die einen, die Werte schaffen und Steuern zahlen, und die anderen, die beides nicht tun.[9] Für letztere besteht natürlich keinerlei Veranlassung, nach einer Veränderung des Status quo zu streben – ganz im Gegenteil.

Sie leben in einer Welt, die weder Wettbewerb noch Leistungsdruck kennt und in der persönliches Engagement in keiner Weise gefordert oder honoriert wird. In ihrer Parallelwelt hat die Qualität der von ihnen erbrachen Arbeit keine Auswirkung auf ihr Einkommen – und ganz besonders nicht auf die Sicherheit und den Erhalt ihrer Arbeitsplätze. Bürokratien verhalten sich wie maligne Tumoren, die – unbehandelt - ebenfalls stetig wachsen, und zwar bis zum Tod des Wirtsorganismus. Anders als in der Privatwirtschaft, wo dem schwachen Angestellten die Kündigung und dem unfähigen Unternehmer der Konkurs droht, also *auch* starke *negative* Motivationsinstrumente existieren, die im unmittelbaren Zusammenhang mit der Tätigkeit stehen, fehlt es im öffentlichen Dienst und in der Politik an vergleichbaren Korrektiven. Von der viel beschworenen „Verantwortung" ist hier keine Spur zu finden. Für die Fehlleistungen von Politikern und Bürokraten zahlt nämlich allemal der Bürger, niemals sie selbst!

Im Dunstkreis des Staates kann Willfährigkeit gegenüber den jeweiligen Vorgesetzen zwar, wie auch die Zugehörigkeit zur „richtigen" politischen Partei, karrierefördernd wirken. Aber selbst bei totalem Desinteresse und fortgesetzt demonstrierter Inkompetenz oder Faulheit kann einem Beamten faktisch nichts passieren. Die Wünsche oder Beschwerden von unter unfähigen oder unwilligen Beamten leidenden „Kunden" haben nämlich keine Bedeutung. Der „Kunde" muss vielmehr mit dem zufrieden sein, was er geboten bekommt. Er kann sich schlicht kein anderes Passamt, Gericht oder Gesundheitsamt suchen, falls er bei dem für ihn zuständigen übel behandelt wird. Das Fehlen von Wettbewerb führt zu desaströsen Ergebnissen, immer und überall und gleichgültig, ob in der Produktion von Gütern oder Dienstleistungen.

Dasselbe gilt natürlich auch für staatliche Medien und Kultureinrichtungen, die ebenfalls geschützten Werkstätten gleichen. Ob das von ihnen gelieferte (Zwangs-)Angebot auf die Zustimmung des Publikums stößt oder nicht, ist einerlei. Schließlich wird ja die Kundschaft in jedem Fall zur Zahlung genötigt, gleich ob sie das Gebotene wahrnimmt oder nicht und ungeachtet ihres Urteils darüber. Somit wird allein nach den Wünschen und für das Wohlwollen des Dienstgebers produziert. Kunst und Medien werden als verlängerte Werkbänke zur Verbreitung von Regierungspropaganda betrachtet. Ursula Pasterk, einst rote Kulturstadträtin in Wien, machte aus ihrem Herzen keine Mördergrube und bekannte freimütig: „Kultur ist ein Ideologieressort."

Das völlige Fehlen jeglicher Anreize für im wettbewerbsfreien Raum agierende Zeitgenossen, ihrer Zwangsklientel bestmögliche Dienste zu günstigsten Konditionen anzubieten, hat entsprechend negative Auswirkungen auf ihre Motivation und die Qualität ihrer Arbeit. Davon kann sich jedermann jederzeit überzeugen, der die Dienste einer x-beliebigen Behörde in Anspruch zu nehmen genötigt ist oder Sendungen staatlicher Rundfunksender konsumiert. Wäre das Match Staatsdiener versus Normalsterbliche ein Nullsummenspiel, wären erstere die klaren Gewinner. Das sind sie zwar auch unter den tatsächlich herrschenden Bedingungen, aber das Gesamtergebnis liegt weit unter dem, das ohne Spielbehinderung durch Politik und Beamtenschaft erzielbar wäre. Der Staat beschädigt eben einfach alles, was er berührt. [10]

Flucht nach Galts Gulch – eine „objektivistische" Utopie

Die in den USA nach wie vor viel gelesene, in Europa dagegen nicht sehr bekannte russisch-amerikanische Philosophin und Erfolgsautorin Ayn Rand (Begründerin der Denkschule des „Objektivismus") beschreibt in ihrem 1957 erschienenen Opus Magnum „Atlas

Shrugged" (deutscher Titel: „Der Streik") eine Gesellschaft, in der die Herren von Großunternehmen, der unentwegten Reglementierung und Ausbeutung durch Staat und Gewerkschaften überdrüssig, in einen Streik treten und sich allesamt in ein gut verborgenes Versteck, nämlich „Galts Gulch", zurückziehen. In der Folge bricht der bis dahin herrschende Wohlfahrtssozialismus, der ständig die Früchte der Arbeit von Produktiven zu den Unproduktiven umverteilt, in sich zusammen. Es handelt sich, trotz seines gewaltigen Umfangs von über 1.200 Seiten, um ein spannend zu lesendes Werk – um ein Manifest der Freiheit und eine Hommage an das freie Unternehmertum. Die darin beschriebene Art des kollektiven Eskapismus der produktiven Elite wirkt indes nicht erst dieser Tage etwas weltfremd, da sich ja gerade die Großen der Unternehmenslandschaft, nicht nur die in den USA, von jeher bestens mit dem Staat arrangiert haben. Es sind ja eben gerade die Giganten, die „too big to fail" sind und die daher im Fall der Fälle stets auf Staathilfe zählen können, während die Kleinen und die Mittelständler unter die Räder kommen. Denen nimmt die Symbiose von Big Government und Big Business die Luft zum Atmen. Großunternehmen sind, neben den Intellektuellen, die zuverlässigsten Verbündeten des Deep State. Als Handlungsanweisung für erfolgreiche Absetzbewegungen von Freisinnigen taugt Rands Roman daher wohl nicht.

Immerhin setzen gar nicht so wenige besorgte Zeitgenossen auf die Errichtung von „Fluchtburgen" außerhalb großer Ballungsräume – auf abgelegene Immobilien auf dem flachen Lande. Diese bieten allerdings nur einen gewissen Schutz vor marodierenden Banden, die sich – nach dem absehbaren Zusammenbruch des Sozialsystems – auf eigene Faust zu holen gedenken könnten, was der große Bruder ihnen dann nicht mehr zu schenken vermag. Gegen schwerbewaffnete Staatsschergen hilft die Fluchtburgstrategie hingegen nicht.[11]

Wege aus der unentwegten Überwachung

Das Vorhandensein privaten Eigentums bildet die Grundvoraussetzung für jedes selbstbestimmte Handeln. Nicht Arbeit, sondern Eigentum macht frei. Das wissen natürlich auch die Obertanen, die nichts weniger schätzen als autonom handlungsfähige Bürger, und reagieren entsprechend. Da klar gezogene Grenzen zwischen Mein und Dein die Grundvoraussetzung für ein friedliches Zusammenleben bilden, werden diese von der Obrigkeit immer weiter aufgelöst. Das geschieht etwa im Wege der Ausdehnung des Geltungsbereichs öffentlichen Rechts zu Lasten der Privatrechtssphäre. Rauchverbote in der Gastronomie oder die Durchsetzung der Straßenverkehrsordnung auf privaten Liegenschaften sind schöne Bespiele.

„Gemeinnutz geht vor Eigennutz" proklamierten die Nationalsozialisten.[12] „Gemeineigentum" ist eine heilige Kuh aller Staatsanbeter. Das Problem der Allmende ist indes hinlänglich bekannt: Was allen gehört, gehört nämlich niemandem. Übernutzung und ständiger Streit um Nutzungsrechte werden unvermeidlich. Aus den folgenden Auseinandersetzungen aller gegen alle zieht am Ende der als rettender Schlichter eingreifende Staat den größtmöglichen Nutzen. Ein Musterbeispiel für den Grundsatz „Divide et impera".

Eigentum zu schaffen und vor fremden Zugriffen – ganz besonders vor denen des Fiskus - zu beschützen, ist daher die wichtigste aller Strategien, um seine Handlungsfähigkeit und Freiheit zu erhalten. Dass der Staat private Eigentumsrechte immer weiter einschränkt und damit seine Machtsphäre auf Kosten der Bürger erweitert, ist ein Kardinalproblem unserer Tage, dem es gilt, Rechnung zu tragen. Die wenigsten sind sich der Gefahren bewusst, die daraus folgen, dass der Staat mittlerweile über alle Handlungen und Vermögenswerte seiner Untertanen Bescheid weiß. Es gibt daher nicht mehr allzu viele Möglichkeiten, sich und sein Vermögen vor hoheitlichen Kontrollaktivitäten und Enteignungsaktionen zu schützen.

„Wo nichts ist, da hat der Kaiser sein Recht verloren", besagt ein altes Sprichwort. „Was er nicht weiß, macht ihn nicht heiß", ein anderes. Wer also nicht erleben will, dass ihn die Gestapo (oder wie auch immer deren zeitgenössische Nachfolgeorganisation heißen mag) pausenlos überwacht, sollte sich überlegen, ob es wirklich nötig ist, sein Mobiltelefon ständig in eingeschaltetem Zustand bei sich zu führen. Welche Nachricht kann schon so wichtig sein, dass man sie jederzeit entgegennehmen können muss?

Und ist es tatsächlich notwendig, bei jedem Einkauf die Plastikkarte zu zücken und damit wieder eine Menge höchstpersönlicher Informationen preiszugeben? Weshalb müssen die Bank und damit auch der Fiskus wissen, wo und wann man Hämorrhoidensalbe, Schnaps oder Gewehrmunition eingekauft hat? „Geld ist geprägte Freiheit", befindet Fjodor Dostojewski. Bargeld ist gedruckte Freiheit, müsste es heute heißen – zumindest, solange die Verwendung von Bargeld noch nicht unter Strafdrohung steht. Wer bar bezahlt, liefert Dritten damit keine kostenlosen Informationen über seine Einkaufsgewohnheiten und hinterlässt keine Spuren. Darauf sollten auf den Erhalt ihrer Privatsphäre bedachte Menschen nicht leichtfertig verzichten.

Wer im Internet surft oder E-Mails verschickt, sollte das im Bewusstsein tun, dass er dabei von keinem Briefgeheimnis geschützt ist. Welche Seiten er aufruft und welche Texte er schreibt, bleibt dem Kundigen mit entsprechender Ausrüstung und krimineller Energie nicht verborgen. Dass der Staat sich Regeln gibt, die ihm maximale Zugriffsmöglichkeiten einräumen, liegt auf der Hand. Die Verwendung gesicherter Server oder hochentwickelter Verschlüsselungsprogramme bietet immerhin eine gewisse Sicherheit vor seiner Neugier.

Dazu, sich aus dem Blickfeld der Öffentlichkeit – und der Politik - zu halten, riet der griechische Philosoph Epikur schon vor rund 2300 Jahren. Liefere dem Leviathan möglichst wenige Informationen über deine Aktivitäten, könnte die modernisierte Version seiner Empfehlung lauten. Auf die zunehmende Zudringlichkeit des Staates reagierte das Bürgertum in Mitteleuropa nach dem Ende der napoleonischen Wirren mit einem weitgehenden Rückzug ins Private: Biedermeier. Diese Strategie ist auch dieser Tage durchaus sinnvoll. Wer dem Staat gar nicht erst ins Radar gerät, verbessert seine Chancen, von ihm in Ruhe gelassen zu werden.

Bleibt die latente Gefahr für das Vermögen. Dass Bankguthaben, Aktiendepots, Grundstücke, Wohnungseigentum, Inhalte von Banksafes oder Waffensammlungen im Grunde nur Eigentum auf Zeit sind, sollte sich jedermann bewusst machen. Ein Federstrich des Gesetzgebers genügt, und es ist futsch. Der besitzlose Pöbel (und nur der ist für die politische Klasse interessant) wird jedenfalls keinen Finger rühren, um für die Unantastbarkeit privaten Eigentums zu streiten.

Einige Beispiele, die aus Novellen des Waffengesetzes resultieren, machen die Bedrohung deutlich: So wurden etwa bestimmte, zum Zeitpunkt ihres rechtmäßigen Erwerbs unbedenkliche Munitionssorten, verboten und in der Folge entschädigungslos enteignet. Legal erworbene und den Behörden (nach einer Gesetzesnovelle, die das erforderlich machte) nachträglich gemeldete Waffen willkürlich benannter Typen wurden als nicht vererbungsfähig eingestuft und werden nach dem Ableben ihres Besitzers entschädigungslos eingezogen. Das bedeutet – auch formal - die Einführung eines Eigentums auf Zeit. Dass das so gut geklappt hat – Widerstand gegen diesen flagranten Anschlag auf das Privateigentum wurde nirgendwo geleistet – könnte die einschlägigen Ambitionen der Obertanen stark beflügeln.

Die im Zuge der Völkerwanderung in immer mehr deutschen Kommunen einreißende Praxis, private Wohnungen zu beschlagnahmen und gegen den Willen der rechtmäßigen Eigentümer zu einem einseitig festgesetzten Tarif zu vermieten, zeigt überdeutlich, wohin die Reise geht: Dem Fiskus bekanntes Privateigentum ist nicht sicher (wie nicht nur Beispiele lateinamerikanischer Bananenrepubliken, sondern auch der „Fall Zypern" im Jahr 2013 belegen[13])!

Sicher ist nur das, wovon die Schergen der vor nichts zurückschreckenden organisierten Kriminalität von Staats wegen nichts wissen. Die großflächige geographische Diversifikation des Vermögens, also etwa der Erwerb von Grundbesitz in Neuseeland, Chile oder Uruguay, sowie die Anlage von Wertpapierdepots in Singapur und auf Bermuda kommt nur für die wirklich Reichen in Frage. Dem kleinen Mann oder dem Mittelständler, der (noch) nicht an eine Auswanderung denkt, bleiben dagegen nur wenige Möglichkeiten, das im Schweiße seines Angesichts gebildete Vermögen zu schützen. Anonymität lautet das Zauberwort. Und die ist am besten durch den Besitz von Bargeld (so lange es das noch gibt), physische Edelmetalle (Münzen und Barren) und lupenreine Brillanten (letztere haben den Vorteil extremer Wertdichte und sind mit Metalldetektoren nicht aufzuspüren) gewährleistet.

Ein historischer Hinweis zum Abschluss: Viele der Juden, die in der Zeit des Nationalsozialismus in dessen Machtsphäre lebten, schafften es, nach London oder New York zu kommen, wenn sie über Gold verfügten. Die meisten anderen allerdings kamen nicht weiter als bis Birkenau oder Treblinka.

[1] *Elias Canetti „Masse und Macht", S. 245*
[2] *http://de.metapedia.org/wiki/Verhausschweinung*
[3] *Gustave Le Bon, Psychologie der Massen, S. 111 ff*
[4] *https://www.facebook.com/RolandBaaderFreiheit/posts/608551832490746*
[5] *Josef Goebbels, Der Angriff, Ausgabe vom 30. 4. 1928*
[6] *Clive Staples Lewis, Dienstanweisung für einen Unterteufel*
[7] *Gustave Le Bon, Psychologie der Massen, S. 38*
[8] *Ortega y Gasset „Der Aufstand der Massen" S. 7, 8, 11*
[9] *Franz Oppenheimer, The State, S. 24*
[10] *https://scottrhymer.wordpress.com/2013/12/24/quote-of-the-day-hans-hermann-hoppe-2/*
[11] *https://www.google.at/#q=waco+sektendrama+texas+blutbad&spf=1497432071342*
[12] *http://de.metapedia.org/wiki/Gemeinnutz_geht_vor_Eigennutz*
[13] *https://www.welt.de/newsticker/bloomberg/article114839058/Kapitalverkehrskontrollen-in-Zypern-koennten-Jahre-anhalten.html*

5. Zurück in die Vormoderne

Thomas Neuwirth alias Conchita Wurst hat den Eurovision Song Contest 2014 in Kopenhagen überlegen gewonnen. Die Frage nach der Bedeutung eines Wettsingens jener Art von Künstlern, die Udo Lindenberg einst in seinem zur Musik des Harry-Warren-Titels *Chattanooga Choo Choo* gesungenen Liedes *Sonderzug nach Pankow* so treffend als „*Schlageraffen*" apostrophiert hat, ist hier nicht zu erörtern. Über Geschmack lässt sich bekanntlich nicht streiten. Daher nur ein Gedanke dazu: Die Schönheit und die Wirkung eines Händel-Oratoriums, einer Beethoven-Symphonie oder eines Schubert-Streichquartetts wird weder von der Herkunft oder Gruppenzugehörigkeit noch der Gewandung seiner Interpreten oder gar von seltsamen Verrenkungen beeinflusst, die diese während ihrer Darbietung vollführen. Nicht wenige Musikliebhaber pflegen die Augen zu schließen, um der Musik auf diese Weise ihre volle Aufmerksamkeit schenken zu können. Bisher ist noch kein bei Sinnen befindlicher Impresario bedeutender Klangschöpfungen auf die Idee gekommen, den Musikgenuss dadurch steigern zu wollen, dass er Wind- und Nebelmaschinen, Laserscheinwerfer, Stroboskope oder ähnlichen Firlefanz einsetzt. Gute Musik kommt nämlich ohne derlei Unfug aus. Ein gebildetes, musikverständiges Auditorium braucht so etwas nicht.

Der Eurovision Song Contest dagegen richtet sich indes an ein Publikum, dessen Gehör infolge der ebenso unaufhörlichen wie lautstarken Beschallung durch Popmusik nachhaltig geschädigt ist und das die Qualität von Musik primär anhand ihrer Lautstärke beurteilt. Ein derartiges Spektakel ist ohne ausgeflippt gekleidete Interpreten, die sich in der Art von am Veitstanz Erkrankten bewegen, ohne nervtötende Lichtspiele und ohne halbnackte Tänzer im Hintergrund heute nicht mehr vorstellbar. Das ist ein mehr als deutlicher Hinweis darauf, dass es mit dem Wert der dargebotenen Musik nicht weit her sein kann. Die möglichst schräge Bühnenshow wird zum unverzichtbaren Mittel, um von der erschreckend geringen musikalischen Qualität der Darbietungen abzulenken.

Es fügt sich ins Bild, wenn ein besonders schrill auftretender Künstler bei einem derartigen Wettstreit die Palme des Sieges davonträgt – wie eben in Kopenhagen geschehen. Thomas Neuwirth ist kein sonderlich begabter Sänger. Ehe er sein Haupthaar wachsen, sich einen Bart stehen ließ und einen Abendfummel anlegte (fortschrittliche Journalisten und Politiker sind entzückt über ein derart geballtes Maß an Originalität), wusste außerhalb seines Familien- und Freundeskreises kaum jemand, wer er war. Er war bis dahin einer von vielen, die niemals übers Mittelmaß hinauswachsen und daher nur mäßige Aufmerksamkeit erregen. Der schwülstige Schmachtfetzen, den Herr Neuwirth in Kopenhagen präsentierte, ragte in keiner Weise aus dem insgesamt recht mediokren Aufgebot heraus. Der sachverständige Kenner gewinnt bei derlei Anlässen regelmäßig den Eindruck, dass alle gute Musik längst existiert. Schubertlieder zum Beispiel singt man seit bald 200 Jahren. Man wird sie wohl auch noch in den nächsten 200 Jahren singen. Was dagegen heute produziert wird, ist spätestens morgen schon wieder vergessen. Wer kann sich heute noch an die Siegertitel der Wettbewerbe von vor vier, fünf Jahren erinnern? Ob dieser Umstand alleine der zunehmenden Schnelllebigkeit unserer Zeit geschuldet ist, oder einfach den für die „Demokratisierung" jeder Kunst typischen Qualitätsverfall widerspiegelt, sei dahingestellt. Tatsache ist: Herr Neuwirth hat den Wettbewerb mit ungewöhnlich großem Vorsprung vor seinen Konkurrenten gewonnen.

Der Erfolg der „Kunstfigur" Conchita Wurst

Nicht ohne Belang ist daher die Frage nach dem Warum, der an dieser Stelle nachgegangen werden soll. Wäre er als ganz normaler Mann – und nicht als bärtiger Hermaphrodit in Abendkleid und High Heels – aufgetreten: Was wäre geschehen? Klarer Fall: Er hätte mit seinem „Phoenix" nicht besonders weit abgehoben und wäre unter ferner liefen gelandet. Daran besteht unter fachkundigen Beobachtern Einigkeit. Sein überwältigender Erfolg hat also wenig mit dem Siegertitel selbst oder seiner musikalischen Interpretation zu tun, viel aber mit der seltsamen Figur, die Thomas Neuwirth, ein bekennender Homosexueller, aus sich gemacht hat – oder besser: aus der geradezu hysterischen Begeisterung, die eine völlig aus dem Häuschen geratene Journaille ihr entgegenbringt. Er hat wohl vieles richtig gemacht – zumindest aus Sicht der lautstarken Minderheit von Meinungsbildnern, die über die Deutungshoheit gebieten. Fragt man dagegen bei der schweigenden Mehrheit nach, egal ob beim viel beschworenen „kleinen Mann von der Straße" oder in Kreisen kunstsinniger Bildungsbürger, ist von Begeisterung nichts zu spüren. Im Gegenteil! Hier trifft man durchgängig auf eine Mischung aus ratlosem Erstaunen, Unverständnis und Ablehnung. Dass diese Menschen (mehrheitlich Nettosteuerzahler) gezwungen sind, mit ihren Zwangsbeiträgen für den Staatsrundfunk Aktivitäten zu finanzieren, die sie ablehnen, wie zum Beispiel die Auswahl Herrn Neuwirths als Vertreter Österreichs für das europide Wettsingen, macht die Sache nicht besser.

Bei der Beurteilung von Erfolgen beim Eurovisions-Wettsingen darf überdies nicht übersehen werden, dass die politischen Rahmenbedingungen, unter denen diese stattfinden, große Bedeutung haben können. Ein Beispiel: Im Jahre 1982 trug eine damals 17-jährige deutsche Schlagersängerin namens Nicole mit ihrem harmlos-naiven Liedchen „Ein bißchen Frieden" den Sieg davon. Sie hatte mit diesem Titel, nach dem im Dezember 1979 erfolgten „Nachrüstungsbeschluss" der NATO, auf dem Höhepunkt der kommunistisch unterwanderten Friedensbewegung im Westen, den exakt richtigen Ton getroffen. Zur Erinnerung: Damals wurde die Stationierung US-amerikanischer Atomwaffenträger des Typs Pershing-II und Marschflugkörper vom Typ Tomahawk in einigen europäischen NATO-Staaten beschlossen – und zwar als Antwort auf die zuvor erfolgte, gegen Westeuropa gerichtete Aufstellung sowjetischer SS-20-Mittelstreckenraketen in den Staaten des Warschauer Pakts. Ohne die Gunst der Stunde, ohne den geschilderten politischen Hintergrund, hätte das nette deutsche Mädel mit seiner Gitarre damals einpacken können.

Ein die beachtliche Macht der gleichgeschalteten Medienlandschaft illustrierendes Detail: Während die beiden 2014 am Eurovisions-Wettbewerb teilnehmenden Russinnen vom Publikum ausgebuht wurden, nicht wegen der Mangelhaftigkeit ihrer Darbietung, sondern ihrer Herkunft wegen, wurde der Beitrag der Ukraine, keineswegs ein herausragender Knaller, heftig akklamiert. Obwohl die Politik beim Eurovision Song Contest keine Rolle spielen sollte, tat sie es offensichtlich doch. Breit orchestrierte Desinformation durch den Medienhauptstrom (alle Russen sind böse Täter, alle Ukrainer sind unschuldige Opfer!) zeigte offensichtlich Wirkung und zog entsprechend abstoßende Folgen nach sich. Kollektivismus ist eben ein unvermeidbarer Weggefährte allen linken Denkens und Handelns. Zweifellos darf auch Herr Neuwirth sich bei einigen russischen und weißrussischen Politikern für deren unbeabsichtigte Schützenhilfe bedanken. Deren rustikale Kommentare zum im Westen tobenden Schwulenkult haben ihre Wirkung auf die Juroren im Wettbewerb, wie es scheint, nicht verfehlt. Die mussten daraufhin einfach ein Zeichen setzen – für mehr „Toleranz".

Die Friedensbewegung des Kalten Krieges ist, dank des Zusammenbruchs der realsozialistischen Experimente in Osteuropa, längst Geschichte. Das heißt aber nicht, dass Schlagerwettbewerbe heute im politikfreien Raum stattfinden. Anstatt der Parteinahme für die Politik der Sowjets, wie anno 1982, steht heute etwas auf der Agenda des linken Meinungshauptstroms, was für den Ausgang dieses Wettbewerbs von nicht minder hoher Relevanz ist. Zwar hat die rezente, massiv antirussische Tendenz des politisch-medialen Komplexes wohl auch eine Rolle gespielt, doch hat etwas gänzlich anderes, für die Freiheit der Bürger westeuropäischer Gesellschaften recht Bedrohliches, den Ausschlag gegeben: Der niemals endende Kampf gegen alle Formen von Diskriminierung. Dieser Favorit des politischen Hauptstroms in der Spätzeit des demokratischen Wohlfahrtsstaates eignet sich bestens zur weiteren Ausdehnung von Einfluss und Macht der Eliten. Der selbsternannte Diskriminierungsverhinderer gewinnt nämlich gleichermaßen Gewalt über jene, die zu beschützen er vorgibt, wie über jene, denen er eine Art des Verhaltens oder Handelns aufzwingt, die diese aus freien Stücken niemals wählen würden. Antidiskriminierung klingt so gut und edel, weil es den progressiven Meinungsführern gelungen ist, den Begriff Diskriminierung zu 100 Prozent negativ aufzuladen. Dabei bedeutet diskriminieren (abgeleitet vom lateinischen discriminare) nichts anderes als unterscheiden. Was ist daran verkehrt, Unterschiedliches voneinander zu unterscheiden? In einer Gesellschaft mündiger, freier Bürger ist es selbstverständlich, nach Lust und Laune zu diskriminieren. Doch wer diskriminiert, so die erfolgreich vermittelte, deshalb aber um nichts wahrere Botschaft, ist grob unfair oder er fügt anderen gar ein Unrecht zu. Der politisch korrekten Dressurelite ist es gelungen, sogar das Erkennen und Benennen von Unterschieden mit einem Tabu zu belegen. So ist es demnach zum Beispiel ein verabscheuungswürdiger Regelbruch, Menschen an Rassenmerkmalen zu erkennen und dadurch von anderen zu unterscheiden – weil (oder obwohl?) es Menschrassen bekanntlich gar nicht gibt. Was gerade noch toleriert wird, ist das Erkennen von Unterschieden zwischen Pudeln und Schäferhunden oder Lipizzanerhengsten und Haflingerstuten.

Die Sache mit der „Diskriminierung"

Diskriminierungsverbote gelten mittlerweile nicht mehr nur für Angehörige verschiedener „ethnischer Gruppen" (das klingt deutlich besser als „Rassen"!), sondern inzwischen auch für Fragen, die religiöse Bekenntnisse, kognitive Leistungen, Aussehen, körperliche oder geistige Behinderungen oder – besonders wichtig – das Geschlecht und die sexuelle Orientierung berühren. Alle Menschen sind gleich. Selbst das Geschlecht bedeutet, wie uns Judith Butler & Genossen und deren Propagandisten unermüdlich weismachen wollen, nichts weiter als eine gesellschaftliche Konvention. Was haben voneinander abweichende Chromosomensätze denn schon zu bedeuten?

Ganz stimmt das mit den Diskriminierungsverboten aber nun doch wieder nicht. Denn selbstverständlich geht es in Wahrheit nicht um die viel beschworene rechtliche Gleichstellung von Minderheiten mit der Mehrheit in einer Gesellschaft, gegen die in der Tat wenig zu sagen wäre, sondern um das, was man in den USA affirmative action nennt – um eine positive Diskriminierung. Damit ist eine privilegierte Behandlung bestimmter Personengruppen, die es verstanden haben, sich zu Opfern zu stilisieren respektive die damit zwingend einhergehende Benachteiligung und/oder Unterdrückung aller anderen gemeint. Jede Diskriminierung wird in dem Moment zulässig, da sie die „Richtigen" trifft. Und wer die „Richtigen" sind, bestimmen die über die Deutungshoheit gebietenden Eliten. Diesbezüglich unterscheiden sich unsere modernen Wohlfahrtsstaaten wenig vom revolutionären Frankreich zur Zeit des Grande Terreur, der Sowjetunion während der 1920er- und 30er-Jahre oder Rotchina während der Kulturrevolution. Der (zugegebenermaßen nicht geringe) Unterschied besteht lediglich darin, dass als Fortschrittshindernisse identifizierte Individuen heute (noch) nicht massenhaft exekutiert werden. Immerhin. Die von der politisch korrekten Gesinnungsdiktatur eingesetzten Mittel sind zwar wesentlich subtiler geworden, deshalb am Ende aber nicht minder wirksam. „Bestrafe einen, erziehe hundert" – das wusste schon der große Vorsitzende Mao Zedong.

Aktuell gebräuchliche Strafen bestehen in der sozialen Ausgrenzung, dem Totschweigen und dem Verächtlichmachen von Abweichlern. Da eine sachliche Argumentation gegen die von diesen vertretenen Thesen in vielen Fällen schwierig bis unmöglich ist, werden, falls die Strategie des Ausgrenzens und Totschweigens nicht zum Erfolg führt, ersatzweise Attacken gegen die physische Person gerichtet, die an Bösartigkeit und Niedertracht oft nicht zu übertreffen sind. Wer sich populäre Fernseh-Sendeformate zu Gemüte führt, in denen politisch kontroversielle Themen abgehandelt werden, weiß, wie so etwas funktioniert: Einer Phalanx von zuverlässig linientreuen Diskutanten wird – unter der Leitung eines schamlos parteiischen Moderators – ein lästiger Dissident zur Hinrichtung vorgeführt. Dies gerne auch mit tatkräftiger Unterstützung eines ausgewählten Studiopublikums, das den peinlich verhörten Dissidenten an den passenden Stellen gehörig auspfeift. Der „Fall Sarrazin" – nach der Publikation seines viel geschmähten, leider aber viel zu selten gelesenen Bestsellers „Deutschland schafft sich ab" – ist ein typisches Beispiel für diesen Mechanismus. Es ist schwer, die gehässigen, stets vom hohen Ross einer vermeintlich überlegenen Moral herab gegen Herrn Sarrazin und andere vom Pfad der dekretierten Tugend abgekommene Personen gerichteten Angriffe zu beschreiben, ohne dafür den etwas abgeschmackten Begriff „menschenverachtend" zu gebrauchen.

Auf der richtigen Seite

Thomas Neuwirth braucht etwas Derartiges natürlich nicht zu fürchten. Er steht fraglos auf der richtigen Seite. In einer Zeit, da die Dekadenz und der damit Hand in Hand gehende Schwulenkult in Westeuropa von einem Höhepunkt zum nächsten eilen, hat er den Nerv des Hauptstroms der veröffentlichten Meinung voll getroffen. Dieser Mainstream stimmt bekanntlich – gleich, worum auch immer es geht – in den wenigsten Fällen mit der Mehrheitsmeinung des Publikums überein. Keine neue Erkenntnis: Medienleute stehen, nicht nur hierzulande, selbst nach ihrer eigenen Einschätzung sowohl links von den Konsumenten ihrer Hervorbringungen als auch links vom Durchschnitt der Gesellschaft (hier ist nicht der Platz zu erörtern, weshalb das so ist). Jedenfalls ist die Linksverschiebung der Medienmacher gegenüber dem Bevölkerungsdurchschnitt auch im Fall des Eurovision Song Contests nicht zu übersehen. Durchschnittsmenschen bevorzugen nämlich für gewöhnlich normale Künstler. Nur von der eigenen Überlegenheit in allen Fragen des Lebens felsenfest überzeugte Linke präferieren das Schräge, das um jeden Preis Andersartige, Hässliche, Kranke und Abartige, das nur einem einzigen Kriterium zu genügen braucht: Es muss gegen die traditionellen Werte der bourgeoisen Gesellschaft gerichtet sein und soll deren Werten möglichst radikal zuwiderlaufen.

In einem Interview mit einem Boulevardmagazin gibt Herr Neuwirth Folgendes zu Protokoll: „Etwa 70 Prozent all jener, die den Song Contest lieben, entstammen der Gay Community." Mitunter drängt sich dem heterosexuell orientierten Normalbürger allerdings der Eindruck auf, dass die besagte Gay Community nicht nur beim

Song Contest, sondern flächendeckend den Ton der veröffentlichten Meinung angibt. Mittlerweile findet keine Koch- oder Immobiliensuchsendung des Fernsehens mehr ohne den inzwischen obligaten Quotenschwulen statt. Einschlägige „Outings" von Künstlern, Politikern oder Sportlern werden abgefeiert, als wäre allein damit schon eine herausragende Leistung verbunden. Ein „mutiges Zeichen", ein „couragiertes Eintreten für die Toleranz" sei mit derartigen Bekenntnissen zur Homosexualität angeblich verbunden. Ist es das tatsächlich? Die Medienpräsenz der angeblich so schmählich benachteiligten Randgruppe der Lesben und Schwulen hat inzwischen phänomenale Ausmaße angenommen. Jeder Unternehmer und/oder Nettosteuerzahler würde sich schon über einen Bruchteil dieser wohlwollenden medialen Aufmerksamkeit freuen.

Genau darin liegt das Problem. Die überwiegende Mehrheit der Bürger interessiert sich nämlich nicht im Mindesten für die sexuellen Vorlieben ihrer Mitmenschen. Ob einer es mit einer Frau, einem Mann, einer toten Katze oder seinem Philodendron treibt, kümmert im Grunde keinen. Erst das pausenlose Getrommel für die angeblich so großartige Errungenschaft einer Abweichung von der Normalität macht die Leute auf das Thema aufmerksam – und bringt sie dazu, etwas als störend zu empfinden, was ihnen vorher gar nicht wichtig erschien. Etwas so völlig Privates wie die sexuelle Orientierung unentwegt öffentlich thematisiert zu erleben, und zwar in einer Weise, die dem normale Hetero das Gefühl vermittelt, langsam zum gesellschaftlichen Außenseiter zu werden, nervt ungemein. Es verhält sich so wie mit der unaufhörlichen Beschwörung der Gefahr des Nationalsozialismus, die mit dem Quadrat der zeitlichen Entfernung zu dessen Untergang zunimmt: Ab einer gewissen Intensität wird die Sache kontraproduktiv. Der Adressat ist überfordert und reagiert mit Ablehnung, Trotz und Widerstand – am Ende vielleicht sogar mit Aggression. Ob es den Propagandisten der

Gay Community bewusst ist, dass durch ihre angriffslustige Politik Schwule am Ende nicht nur zu Opfern erklärt, sondern tatsächlich auch zu solchen werden könnten? Spätestens wenn die grüne Fahne des Propheten oder der schwarze Wimpel des IS auch über der einst liberalen Alten Welt weht, wird es mit dem Queer-Kult ohnehin vorbei sein.

Die von Neuwirth reklamierte, von der Schwulengemeinde angeblich gelebte und geförderte „Toleranz" erschließt sich wohl nur deren Angehörigen und Sympathisanten. Toleranz kann nicht oktroyiert werden. Von Toleranz der Queers gegenüber denjenigen, die weder zu ihrer Gemeinde zählen noch beim Anblick einer Tunte oder Lesbe in spontanen Jubel ausbrechen (und sich durch diese Unterlassung augenblicklich der „Homophobie" verdächtig machen und entsprechende Kritik auf sich ziehen), ist bislang wenig bekannt geworden. Toleranz erwartet man in Kreisen nach eigener Einschätzung diskriminierter Minderheiten regelmäßig nur von den anderen. Es ist, als ob die Mitglieder des Ku-Klux-Klans Toleranz für weiße Rassisten einfordern würden – nur, dass in diesem Fall die freche Zumutung des Ansinnens jedermann sofort ins Auge springen würde.

Geschichte der Travestie

Männer in Frauenkleidern sind einerseits lächerlich und andererseits nichts Neues. Es handelt sich vielmehr um ein seit langem beliebtes Sujet. Wer erinnert sich nicht an ebenso erfolgreiche wie unterhaltsame Travestiefilme à la „Tootsie" (1982) mit Dustin-Hoffman, „Ein Käfig voller Narren" (1978) mit Michel Serrault als homosexuelle Dragqueen (übrigens der erste international erfolgreiche Film, der in diesem Milieu spielt!), die oscarprämierte Komödie „Manche mögen's heiß" (1959) oder die Rühmann-Verfilmung von

„Charleys Tante" aus dem Jahr 1956 (nach einer literarischen Vorlage des Briten Brandon Thomas aus dem Jahr 1892)? Der Erfolg dieser Filme beruht einzig und allein auf ihrem komischen Element und der komödiantischen Begabung ihrer Darsteller. Eine politische Tendenz oder die deutlich spürbare Absicht ihrer Autoren, ein bestimmtes Milieu oder eine besondere Lebensart gutzuheißen, zu fördern oder gar zu verherrlichen, war in keinem dieser Beispiele erkennbar. Es ging einfach um mehr oder minder harmlose Unterhaltung. Das allerdings war manchen doppelt moralinsauren, linken Spießern bereits zu viel. Bezeichnend dafür ist, dass der „Käfig voller Narren" trotz – oder gerade wegen – seiner großartigen schauspielerischen Umsetzung dafür kritisiert wurde, „Klischees auf Kosten von Randgruppen" zu bedienen. Wahrhaftig, der Film war in der Tat ganz furchtbar. Tausende Tunten haben sich vermutlich allein dieser heteronormativen Zumutung wegen entleibt – oder sich zumindest ganz elend gefühlt. Die „Political Correctness" startete zu dieser Zeit ihre ersten Gehversuche.

Doch wer nun meint, dass als Frauen verkleidete Männer eine Erfindung des 19. oder 20. Jahrhunderts wären, irrt. Man denke zum Beispiel an die Tradition der ins 18. Jahrhundert zurückreichenden Peking-Oper, in der es bis heute üblich ist, Frauenrollen mit Männern zu besetzen. Auf der westlichen Seite des eurasischen Kontinents setzte der britische Dramatiker William Shakespeare um 1600 ausschließlich Männer in Frauenrollen ein. Und schon mehr als 2700 Jahre vor unserer Zeit, in der ersten überlieferten Dichtung des Abendlandes, der „Ilias", liefert der Autor eine einschlägige Vorlage: Homer lässt die Eltern des späteren Kriegshelden Achilleus, König Peleus und die Nymphe Thetis, ihren Sohn in Mädchenkleider gewanden und in ein Mädchenpensionat stecken, um ihn so vor der Rekrutierung für den bevorstehenden Feldzug der Griechen gegen Troja und einem gewaltsamen Tod im Felde zu bewahren. Erfolglos, wie wir wissen. Die Maskerade erwies sich als zwecklos. Odysseus spürt Achilleus am Ende doch auf. Nach zehnjähriger Belagerung Trojas und ungezählten Heldentaten fällt er schließlich durch die Hand des Prinzen Paris.

In allen geschilderten Beispielen, die Liste ließe sich seitenweise fortsetzen, trägt es zum Fortgang der erzählten Geschichten bei, dass Männer zeitweilig in Frauenkleidern erscheinen. In keinem Fall allerdings ist damit eine gesellschaftspolitische Ansage verbunden. Die verkleideten Männer wollen durch ihre Verkleidung keineswegs ihrem Wunsch Ausdruck verleihen, dem anderen Geschlecht anzugehören. Sie begeben sich damit lediglich – zum Zwecke des Tarnens und Täuschens – vorübergehend in die Rollen von Frauen. Sie geben vor, zu sein, was sie nicht sind. Sie spielen eine Rolle, die der Dramatiker oder Librettist ihrer Rolle zuschreibt, ohne dass damit ihre männliche Identität in Frage gestellt wäre. Es geht um puren Mummenschanz.

Eine neue Qualität

Bei Tom Neuwirth liegen die Dinge anders. Er folgt keinem Drehbuch, sondern hat, seinen eigenen Aussagen zur Folge, die „Kunstfigur" Conchita Wurst (eine aus etymologischer Sicht übrigens recht sinnfällige Namensgebung!) selbst erfunden. Herr Neuwirth legt zwar – als sein Alter Ego Conchita Wurst – Frauenkleider und Stöckelschuhe an, präsentiert sich mit einer Damenfrisur und schminkt sich wie eine Frau. Aber er trägt – und das unterscheidet ihn von der gewöhnlichen Transe von nebenan, die sich bemüht, ihr männliches Geschlecht bestmöglich zu verbergen – einen Bart. Er legt also offensichtlich Wert darauf, nicht für eine Frau gehalten, sondern als zweigeschlechtliches Wesen wahrgenommen zu werden. Das ist in der Tat etwas Neues. Die Ansage lautet: Geschlecht – was heißt das schon? Warum sich festlegen, wo es doch so viele Möglichkeiten gibt? Das Credo von Pippi Langstrumpf – und das aller anderen, die niemals erwachsen werden wollen, lautet nicht von Ungefähr: „Ich mach mir die Welt, widewide wie sie mir gefällt!" Sollen sie doch, so lange es nicht mit Zwangsgebühren und Steuergeldern – und damit auf Kosten ungefragter Dritter passiert!

Die Organisatoren des weltweit bekannten Wiener Lesben- und Schwulenhappenings „Life Ball" haben die Gunst der Stunde schnell erkannt und, unmittelbar nach dem Erfolg Neuwirths beim Song Contest, in ganz Wien Werbeplakate affichieren lassen, die einen mit großvolumigen Brustimplantaten aufgehübschten, splitterfasernackten Hermaphroditen zeigen. Damit wurde eine neue Eskalationsstufe erreicht. Der Blick fürs rechte Maß scheint nun endgültig abhandengekommen zu sein. Denn bislang war es in der Plakatwerbung schon absolut unmöglich, Frauen mit entblößten Brüsten zu zeigen, ohne damit Stürme der Entrüstung („Frauen als Ware!", „Purer Sexismus!") auszulösen. Ausgerechnet diejenigen, die nunmehr sogar an der Darstellung primärer Geschlechtsteile nicht nur nichts auszusetzen haben, sondern in der Präsentation einer zeitgeistigen Variante des Frankensteinmonsters sogar eine Art ästhetischer Meisterleistung erblicken, standen dabei stets an vorderster Front. Verkehrte Welt? Nein! Aus der Gymnasialzeit wissen wir: Quod licet Iovi, non licet bovi. Was Schwulen zwecks Bewerbung ihrer schrägen Fete selbstverständlich erlaubt ist (jeder, der daran Anstoß nimmt, ist ein homophober Reaktionär!), ist Wäsche-, Bier- oder Autofabrikanten noch lange nicht erlaubt.

Dass recht genau zeitgleich mit dem Song Contest Judith Butler, die lesbische Großmutter des Feminismus und des Gender Mainstreamings, in Wien weite und viel beachtete Vorträge hielt, passt perfekt ins Bild. Die Zeit scheint den zwar kleinen, dafür aber umso schrilleren Schwulen-, Lesben- und Genderbrigaden im Lande dafür reif zu sein, die letzten Reste von Normalität der bürgerlichen Gesellschaft beiseite zu fegen und das Abartige zum Normalzustand zu erklären. Um die viel beschworene „Toleranz", als deren Vorkämpfer auch der keine Peinlichkeit auslassende linke Spießer im Bundespräsidentenamt der Alpenrepublik Herrn Neuwirth rühmt, geht es längst nicht mehr. Tolerieren kann man nämlich nur einen von der Norm abweichenden Zustand, der sich mit den eigenen Vorstellungen oder Werten nicht deckt. Eine jeden Geschlechtsunterschied verneinende Lebensart erfährt indes durch eine entsprechende „Querschnittspolitik" aber längst – europaweit – hoheitlich bewehrte Protektion. Damit aber ist jede Forderung nach „Toleranz" seitens der Berufsschwulen erledigt, da ja eine heterosexuelle Orientierung oder das eindeutige Bekenntnis zur aus Mann und Frau bestehenden Lebensgemeinschaft von der hohen Politik längst zum Kennzeichen einer hoffnungslos gestrigen, im Aussterben begriffenen Minderheit erklärt wird. Wir sind inzwischen so weit gekommen, dass es schon verdächtig ist, keine Begeisterung für Thomas Neuwirth/Conchita Wurst, den Live Ball oder ähnliche Lustbarkeiten erkennen zu lassen. Wer also hat hier in Wahrheit Toleranz nötig?

Status oder Leistung

Zurück zum Wettbewerbserfolg. Menschen sind – auch wenn die aus allen Poren Wirklichkeitsverweigerung verströmenden Chefideologen des Egalitarismus das noch so vehement bestreiten mögen – grundverschieden. Sie sind schön oder hässlich, gescheit oder dumm, faul oder fleißig, und sie sind wirtschaftlich erfolgreich oder eben nicht. Eine Gesellschaftsordnung, die es dem Einzelnen ermöglicht, seine Fähigkeiten und Begabungen ungehindert durch Hierarchie, Status, Alter oder Geschlecht zu entfalten, beschert allen ihren Mitgliedern ein besseres Auskommen als eine, in der das nicht der Fall ist. Dies einfach deshalb, weil jeder das für ihn optimale Betätigungsfeld finden und damit der Allgemeinheit bestmöglich dienen kann.

Eine der größten Errungenschaften der westlichen Gesellschaften der Neuzeit ist daher die Überwindung der Enge der zuvor bestehenden Statusgesellschaften. Die mittelalterliche Welt bedeutete für die Menschen zwar ein Maximum an Stabilität und Überschaubarkeit. Jeder blieb sein Leben lang an dem Ort und in der Position, an die er kraft seiner Geburt gestellt war. Mangelnde räumliche Mobilität und eine undurchdringliche Schichtung der Gesellschaft, gepaart mit strengen religiösen Regeln und Zunftordnungen, garantierten eine gewisse Sicherheit. Sie verhinderten andererseits aber jede soziale Mobilität – zum kollektiven Nachteil ihrer Mitglieder. Der Sohn des Küfers hatte wieder Küfer zu sein. Der Bauernsohn musste Bauer werden, ob er wollte oder nicht – ungeachtet allfälliger Talente, die ihm eine andere Karriere möglich gemacht hätten. Die mit der Neuzeit einsetzende Auflösung dieser starren Gesellschaftsstrukturen, die in der Zeit der Aufklärung einen weiteren schweren Schlag erhielten, machte die Gesellschaften durchlässig. Der Glaube wurde durch die Fähigkeit zum Denken und dessen selbständiger Anwendung abgelöst. Sapere aude! Damit ging eine wesentlich stärkere Arbeitsteilung einher, die eine weitergehende Spezialisierung ermöglichte. Talente und Begabungen konnten sich, von ihren strukturellen Fesseln weitgehend befreit, entfalten und damit den allgemeinen Wohlstand fördern. Der durch Geburt erworbene Status wurde vom frei zu vereinbarenden Vertrag, die Status- von der Vertrags- oder Leistungsgesellschaft abgelöst, in der nicht länger allein die Gruppe, sondern der Einzelne zählte.

Die Natur pflegt ihre Gaben, wie bereits ausgeführt, sehr ungleich auf ihre Geschöpfe zu verteilen. Auf Menschen trifft das ganz besonders zu. Schlichte Gemüter und/oder Gesellschaftsklempner nennen das „ungerecht". Wer Hedy Lamarr mit Claudia Roth, oder Clint Eastwood mit Rudolf Kaske vergleicht, weiß, wovon die Rede ist. Die einen sind sowohl klug als auch gutaussehend, während die anderen, naja, „Gerechtigkeit" scheint eine Kategorie des Himmels, keine des irdischen Jammertals zu sein.

In Gesellschaften, die von garantierten privaten Eigentumsrechten und Vertragsfreiheit gekennzeichnet sind, führen die Verschiedenheit der Menschen, deren unterschiedliche Interessen und Fähigkeiten und die Möglichkeit zur Kapitalakkumulation naturgemäß zu einer ungleichen Wohlstandsverteilung. Ungleichheit aber bildet einen unverzichtbaren Ansporn zur Leistungsentfaltung. Wo es möglich ist, den Aufstieg vom Tellerwäscher zum Millionär zu schaffen – ohne daran durch Statusbarrieren gehindert zu sein –, werden gewaltige kreative Kräfte frei. Viele Leistungsträger in kapitalistischen Gesellschaften, sogar einige ihrer berühmtesten Protagonisten, von Bill Gates bis Mark Zuckerberg, sind „Selfmademen". Sie haben nichts geerbt, sondern alles aus eigener Kraft aus dem Boden gestampft, während die meisten adeligen Repräsentanten „alter Vermögen" heute kaum noch eine besondere Rolle spielen. Ungleichheit ist der Motor jedes Fortschritts. Daher drückt jeder Versuch einer Nivellierung oder der Wiedereinführung von Schicht-, Klassen-, Rassen-, Kasten- oder Geschlechterbarrieren eine Gesellschaft notwendigerweise nach unten oder verhindert deren Entwicklung zu einem höheren Wohlstandsniveau. Es ist kein Zufall, dass China bei der Überwindung der Armut und der Schaffung eines wohlhabenden Mittelstandes bisher wesentlich erfolgreicher agiert als das vergleichbar bevölkerungsreiche Indien. In China gibt es keine mit dem starren indischen Kastenwesen vergleichbaren, gesellschaftlichen Barrieren. Indien dagegen versteht sich ganz klar als Status-Gesellschaft.

Die westlichen Gesellschaften gleichen derzeit dem sprichwörtlichen Esel, der, wenn es ihm zu wohl wird, aufs Eis tanzen geht. Die Möglichkeit zur weitgehend freien Gestaltung von Lebensentwürfen hat ihnen bis heute einen ungeheuren, keineswegs nur aufs Materielle beschränkten Vorsprung vor dem Rest der Welt eingebracht. Kein seriöser Wissenschaftler wird bestreiten, dass die soziale Mobilität und Durchlässigkeit dieser Gesellschaften entscheidend für deren gewaltige Fortschritte waren, die sie seit Beginn der Neuzeit gemacht haben. Wenn kollektiver Wohlstand und das jedem Menschen garantierte Recht zum Streben nach Glück weiterhin das Ziel sein soll, ist es unerlässlich, auch künftig ein Höchstmaß an Vertragsfreiheit zu garantieren und die Entstehung von Fortschritts- und Aufstiegshindernissen zu bekämpfen, die allein im Interesse bestimmter privilegierter Gruppen liegen. Bestimmend für den vom Einzelnen zu erreichenden Erfolg darf nichts anderes sein als seine natürlichen Begabungen, die von ihm erworbenen Kenntnisse und das Recht, sein rechtmäßig erarbeitetes oder ererbtes Gut im freien Wettbewerb mit seinen Mitmenschen einzusetzen. Möge der Bessere – nicht der Privilegierte! – gewinnen.

Die meisten Menschen erfüllt es mit Glück, wenn sie gemäß ihren eigenen Vorstellungen, nach selbst gewählten, im besten Fall auch realistisch gewählten Zielen streben können – und diese erreichen. Einzige Einschränkung: Die Rechte Dritter dürfen dadurch nicht verletzt werden. Dieses Ideal einer liberal verfassten Gesellschaft ist in der berühmten Präambel zur Verfassung der Vereinigten Staaten niedergelegt. Das „Recht zum Streben nach Glück" ist ihr zentrales Element. Nichts dagegen findet sich darin von einer Bindung des menschlichen Handelns an die Zugehörigkeit zu bestimmten gesellschaftlichen Gruppen. Nichts von der Beschwörung bestimmter allgemein gültiger religiöser oder politischer Bekenntnisse. Nichts vom sorgenfreien Leben auf Kosten Dritter. Die amerikanische Unabhängigkeitserklärung beschreibt den Prototyp der Leistungsgesellschaft.

Das Internetlexikon Wikipedia definiert eine Leistungsgesellschaft so: Sie „[...] ist die Modellvorstellung einer Gesellschaft, in welcher die Verteilung angestrebter Güter wie Macht, Einkommen, Prestige und Vermögen entsprechend der besonderen Leistung erfolgt, die einem jeden Gesellschaftsmitglied jeweils zugerechnet wird (‚Leistungsprinzip', ‚Leistungsgerechtigkeit'). Es handelt sich demnach um eine „[...] vom Leistungsprinzip geprägte Gesellschaft [...], in der vor allem die persönlichen Leistungen des Einzelnen für seine soziale Stellung, sein Ansehen, seinen Erfolg usw. ausschlaggebend sind." Die Leistungsgesellschaft steht somit im schroffen Gegensatz zur weiter oben beschriebenen Statusgesellschaft. Der US-Historiker Alexander Marriott sieht es als Zeichen des Niedergangs an, wenn die Menschen den Fall der Statusgesellschaften bedauern, „statt ihn zu genießen". Damit trifft er wohl ins Schwarze.

Was wir derzeit in den durch die Bank sozialdemokratischen westlichen Wohlfahrtsstaaten erleben, ist genau dieses von einer einflussreichen Minderheit empfundene Bedauern über den Fall der Statusgesellschaft – oder genauer: deren ambitionierter Versuch, zu ihr zurückzukehren. Der „Fall Wurst" ist bezeichnend: Hätten wir es mit den Prinzipien einer Leistungsgesellschaft zu tun, wäre also allein die künstlerische Leistung entscheidend für Sieg oder Niederlage beim europäischen Wettsingen, hätte Herr Neuwirth mit seinem mittelprächtigen Beitrag keine Chance auf einen der vorderen Plätze gehabt. So aber hat die Zugehörigkeit zu einem bestimmten Milieu, nämlich dem, das den Song Contest beherrscht (nach Neuwirths eigener Einschätzung 70 Prozent Schwule!), den Ausschlag gegeben.

Nun ist der Ausgang dieses Wettbewerbs von keinerlei maßgeblicher Bedeutung für unsere europäischen Gesellschaften und daher auch kein Grund zur Beunruhigung. Allerdings ist er ein ganz typisches Symptom für den Verfall des in einer freisinnigen Gesellschaft und insbesondere in der Privatwirtschaft geltenden Leistungsprinzips. Denn Neuwirths durch seine Zugehörigkeit zu einer bestimmten Gruppe, der Gay Community, bestimmter Erfolg ist ja längst kein Einzelfall mehr. Politische Mandate, Führungspositionen in der öffentlichen Verwaltung, an Universitäten, ja sogar Vorstandsposten in privaten Unternehmen dürfen inzwischen nicht mehr einfach mit den besten Bewerbern besetzt werden. Vielmehr ist es heute wichtig, dass die Aspiranten über eine Gebärmutter verfügen.

Ist heute zunächst nur eine Quote für Frauen verbindlich (in Norwegen etwa kann eine private Aktiengesellschaft vom Staat liquidiert werden, wenn die geforderte Quote für Frauen in Führungspositionen nicht erfüllt wird!), wird es morgen die für Schwule und Körperbehinderte und übermorgen auch die für Moslems, Rothaarige, Diskuswerfer und Diabetiker sein. Die unaufhörliche Aushöhlung des Privatrechts, der galoppierende Niedergang der Vertragsfreiheit und deren Substitution durch staatlich verordnete Quoten sorgen dafür, dass in immer mehr Fällen angestrebte Karrieren – wegen einer Zugehörigkeit zur falschen Bewerbergruppe – nicht mehr möglich sind und nicht länger die Besten, sondern die der „richtigen" Gruppe Angehörigen zum Zuge kommen. Wir befinden uns, wenn es nach dem Willen der linken Gesellschaftsklempner geht, unaufhaltsam auf dem Weg zurück zur starren, leistungsfeindlichen Statusgesellschaft. Der bedeutende britische Rechtshistoriker Henry Maine stellte 1861 fest: „Die Bewegung fortschrittlicher Gesellschaften war bislang eine Bewegung vom Status zum Vertrag." Die Gesellschaften unserer sozialdemokratisierten Wohlfahrtsstaaten dagegen befinden sich unübersehbar im Rückwärtsgang...

Wo auch immer gruppenorientierte Politik der „affirmative action" betrieben wird, sinkt die Qualität der erbrachten Leistungen. Zeitgleich steigen deren Kosten. Andere als objektive, leistungsbezogene Kriterien als Karrieretreibsatz zuzulassen, bedeutet eine Fehlallokation von Personalressourcen. Eines der Lieblingsprojekte der Linken, eine konsequente Quotenpolitik, verringert daher nicht nur den mühsam errungenen Wohlstand im Westen, sondern ist auch eine brandgefährliche Bedrohung für die Freiheit. Denn als Tugendwächter und Garant für die Erfüllung von Quoten aller Art kommt niemand anders in Frage als der bereits jetzt übermächtige Gouvernantenstaat. Damit erhält dieser ein weiteres Stück Verfügungs- und Zwangsgewalt über die Bürger. Er kann dann sogar – wie einst in den Ostblockstaaten – über ihren beruflichen Werdegang gebieten.

Besetzt der Firmenchef eine Position mit einem nicht-quotenkonformen Bewerber, wird von „quotenbeauftragten" Beamten in seinen Betrieb hineinregiert. Doch selbst Private werden, geht es nach dem Wunsch der emsigen Regulierungs- und Antidiskriminierungsfanatiker, keineswegs verschont bleiben. Privates Recht hat jederzeit der politischen Macht zu weichen – nicht nur im Geschäftsleben. Vermietet etwa der Besitzer einer Eigentumswohnung an den „falschen" Wohnungswerber oder besser: vermietet er nicht an den „richtigen", ist der geschlossene Vertrag nichtig, und der Vermieter wird gegenüber dem angeblichen „Diskriminierungsopfer" schadenersatzpflichtig. Der Leviathan ergreift einseitig Partei. Er gesteht einer Seite die freie Auswahl seiner Vertragspartner zu und erlegt der anderen, die keiner der von ihm definierten, privilegierten Gruppen angehört, einen Kontrahierungszwang auf. Ergebnis: Kein gleiches Recht für alle!

Die Büchse der Pandora

Mit willkürlich erlassenen Diskriminierungsverboten wird die Büchse der Pandora geöffnet. Wohin werden die aus ihr entweichenden Stürme unsere Gesellschaften treiben? Wo, wenn überhaupt, werden die damit verbundenen hoheitlichen Ge- und Verbote ihre Grenzen finden? Bei der Entscheidung, wen man in seine Wohnung einzulassen hat und wen nicht? Bei der Auswahl jenes Personenkreises, dem man sein Auto leihen darf oder muss – ohne sich damit strafbar zu machen? Wird möglicherweise demnächst schon eine am Wohlfahrtsausschuss der Französischen Revolution orientierte Gleichstellungs-, Quoten- und Antidiskriminierungsbehörde gebildet, die über die Auswahl des „richtigen" Ehe- oder Sexualpartners zu entscheiden hat? Erfüllt doch die bislang übliche, individuelle Auswahl eines männlichen Partners durch eine Frau (und umgekehrt) zweifellos den Tatbestand der geschlechtlichen Diskriminierung. Die Präferenz von Franz für Pauline ist wieder eine offene Diskriminierung von Claudia, Maria und Brigitte (von Karl und Fritz ganz zu schweigen). Diese Missstände bedürfen daher, nach Meinung der am Ruder befindlichen Egalitaristen, einer hoheitlichen Regelung! Was für eine schöne, neue Welt. Die utopischen Sozialisten von anno dazumal hätten ihre helle Freude daran.

Vielleicht aber kommt alles auch ganz anders. Ein Wiener Sprichwort besagt: „Es san scho Hausherrn g´sturbn!" Gesellschaftliche Entwicklungen sind nicht unumkehrbar und sie gehen niemals linear vor sich. Schon Karl Marx irrte, als er von einer unumkehrbar auf den Kommunismus zutreibenden Entwicklung des Kapitalismus phantasierte. Die Entwicklung einer Gesellschaft ist viel eher mit der Bewegung eines Pendels vergleichbar. Ein Pendel bleibt niemals am Tiefpunkt seiner Bewegung stehen, sondern bewegt sich darüber hinaus, bis es seinen Schwung verliert und an seinem Wendepunkt umkehrt. Der stetig zunehmende Regulierungsirrsinn der politischen Eliten treibt täglich neue Blüten. Zeitgleich nimmt die individuelle Freiheit, deutlich erkennbar am abnehmenden Nettoertrag jeder Erwerbsarbeit, seit vielen Jahren ab. Irgendwann wird diese Entwicklung an ihren Wendepunkt kommen. Der US-Ökonom und Nobelpreispreisträger James Buchanan meinte einst: „Die Steuerlast ist endlich." Einmal ist es genug, und selbst der Arbeitssüchtige zieht es vor, zu Hause zu bleiben oder sich in den Park zu setzen, anstatt zu 70 Prozent und mehr für den Staat zu fronen. So wie der Steuerlast sind aber auch nicht unmittelbar monetär zu bewertenden staatlichen Eingriffen in das Leben der Bürger Grenzen gesetzt. Geht es in der derzeit herrschenden Tonart weiter (nie zuvor hat der Leviathan höhere Tribute gefordert, nie zuvor wurden die Bürger stärker von ihm gegängelt als jetzt), bricht entweder die Wirtschaft und damit die Finanzierungsbasis des Staates zusammen oder es kommt zu einer Revolte der Leistungsträger, zur „Revolution der gebenden Hand", wie der Philosoph Peter Sloterdijk es formuliert. Ebenso ist in keinen Stein gemeißelt, dass die schweigende Mehrheit es dauerhaft widerstandslos hinnehmen wird, dass ein lautstarker Klüngel linker Narren ihr unentwegt auf der Nase herumtanzt – etwa wenn es darum geht, abnormale Lebensentwürfe zu bejubeln. Der Groll könnte sich insbesondere dann explosionsartig entladen, wenn dieser Jubel für das Abartige mit Steuern oder Zwangsbeiträgen finanziert wird, wie das sowohl bei der Verwurstung des Herrn Neuwirth durch den gebührenfinanzierten ORF als auch beim unbegreiflicherweise mit Millionen von Euros an Steuergeldern subventionierten Life Ball der Fall ist.

Der Sieg von Conchita Wurst beim Eurovision Song Contest und die darauf folgende aggressive, viele Menschen verstörende Plakatwerbung für den Wiener Life Ball markieren möglicherweise den besagten Wendepunkt des Pendels. Zumindest hinsichtlich Genderwahn und Schwulenkult. Vielleicht ist der Kampf um die Freiheit noch nicht verloren. Für Freisinnige, Liberale und Libertäre stirbt die Hoffnung bekanntlich zuletzt...

Dieser Text wurde erstmals veröffentlicht im Sammelband:

Werner Reichel (Hg.)
Das Phänomen Conchita Wurst –
Ein Hype und seine politischen Dimensionen
Edition Aecht, 2014

6. Demokratie und politische Parteien – Wer sich nur zwischen Pest und Cholera entscheiden kann, hat gar keine Wahl

Das mit dem Untergang des Realsozialismus von Francis Fukuyama postulierte „Ende der Geschichte" manifestiert sich in einer totalen Sozialdemokratisierung Europas. Seit dem Zerfall der Sowjetunion herrscht, wohin das Auge auch blickt, rosarote weltanschauliche Beliebigkeit. Zu einer ernsthaften Auseinandersetzung mit Ideologien und der Ideengeschichte scheint niemand mehr bereit oder imstande zu sein. Entscheidende programmatische Unterschiede zwischen den einzelnen Parteien sind mit freiem Auge kaum noch zu erkennen – und zwar nicht nur in Österreich. Die noch bestehenden Differenzen betreffen Nuancen, nicht aber Grundsätzliches. Alle politischen Lager befürworten einen umverteilenden Wohlfahrtsstaat, der den Einzelnen entmündigt und faktisch alle wichtigen Lebensbereiche unter die Kuratel der Nomenklatura stellt. Keine Partei hinterfragt auch nur ansatzweise, ob so wichtige Agenden wie Gesundheit, Pensionen, Bildung, Universitäten, Straßenbau, Energie- und Wasserversorgung sowie die Briefbeförderung tatsächlich Sache des Staates sein und auf alle Zeit auch bleiben müssen. Von Funktionären aller Parteien gutgeheißene Arbeitszeit- und Ladenschlussgesetze, sowie ungezählte andere Wirtschaft und Gesellschaft fesselnde Regulative, schränken die Privatrechtssphäre und die Bewegungsfreiheit der Bürger weiter massiv ein.

Darüber hinaus befürworten alle Parteien progressive Einkommenssteuern, die der politischen Willkür und einer Ausbeutung der Leistungsträger durch die im Namen der Transferempfänger aktiven Bürokratenkaste Tür und Tor öffnen. Keine der im Parlament vertretenen Parteien tritt für eine proportionale Einkommensteuer („Flat Tax") ein – die einzige nicht von Willkür oder dem ideologisch motivierten Willen zum Klassenkampf bestimmte Art der Steuerbemessung. Und schließlich besteht die gesamte politische Klasse mehrheitlich aus Leuten, die nie unter Marktbedingungen ihr Brot verdient, sondern stets von Steuergeld gelebt haben.

Die Bedeutung attraktiven Führungspersonals

In einer Zeit, in der die gesamte Parteienlandschaft, nicht nur in Österreich, insgesamt dramatisch nach links gerückt ist, und programmatische Unterscheidungen des rosaroten Mischmaschs nahezu unmöglich sind, gewinnen die jeweiligen Führungsfiguren wesentlich an Bedeutung. Bei demokratischen Wahlentscheidungen geben immer weniger die Programme (die ohnehin keiner liest), sondern immer stärker Persönlichkeiten den Ausschlag für Sieg oder Niederlage. Wiewohl einst noch Parteiprogrammen wesentliche Bedeutung zukam, war doch stets auch die Popularität von Führungspersönlichkeiten entscheidend für einen Wahlerfolg. Der in den letzten Jahrzehnten stetig wachsende Einfluss elektronischer Medien hat die Wichtigkeit attraktiver Spitzenkandidaten allerdings dramatisch erhöht. Wer bei TV-Debatten und Interviews „gut über die Rampe kommt", hat beinahe schon gewonnen. Inhalt und Wert der von Politikern getätigten Aussagen tritt gegenüber der Art, wie sie präsentiert werden, weit in den Hintergrund. Es geht immer stärker um die gebotene Show. Wie der US-amerikanische Fernsehmoderator Jay Leno es ausdrückt: „Politik ist Showbusiness für Hässliche." Wer wollte ihm in diesem Punkt ernsthaft widersprechen?

Kritiker der modernen Massendemokratie werden nicht müde zu betonen, dass die Palme des Wahlsieges in aller Regel jenen Politikern winkt, die es verstehen, auf möglichst überzeugende Art zu lügen, die unglaublichsten Versprechungen zu formulieren und die Wählerschaft erfolgreich von der Tatsache abzulenken, dass natürlich auch sie keine Wunder zu wirken vermögen. Zahlreiche Beispiele aus der Vergangenheit belegen die Wichtigkeit starker Persönlichkeiten, die es mit der Wahrheit nicht sehr genau nehmen, die aber diejenige von - ohnehin ungelesenen - Parteiprogrammen weit übertrifft. Charisma und Eloquenz von Spitzenkandidaten bedeuten viel mehr als die inhaltliche Konsistenz von Parteiprogrammen.

Meist sind es Protagonisten linkskollektivistischer Parteien, die in der Disziplin der Wählermanipulation die Nase vorn haben, wie Beispiele aus der Vor- und Nachkriegszeit deutlich machen: Ohne Adolf Hitler, der dank seiner leidenschaftlich vorgetragenen Reden und seines Durchsetzungskraft und Stärke vermittelnden Fanatismus vielen als authentische Führerpersönlichkeit erschien, wären die deutschen Nationalsozialisten niemals an die Macht gelangt. Seiner Person flogen die Herzen der Wähler zu, auch die der Frauen – weit weniger dem Programm seiner (national)sozialistischen Arbeiterpartei.

Der smarte und fesche Sonnyboy John F. Kennedy hatte 1960, beim Kampf um die Präsidentschaft, am Ende die Nase knapp vorne. Er schlug den steif und verklemmt wirkenden Richard Nixon in der ersten de facto vom Fernsehen entschiedenen Wahl. Der ein Jahr vor seiner Kür zum Präsidenten noch weithin unbekannte Maulheld Barack Obama errang mit seiner haarsträubenden, anmaßenddümmlichen Parole „Yes We Can" einen klaren Sieg über seinen Gegner John McCain, der auf einen betont seriösen Wahlkampf gesetzt hatte.

In Österreich unterlag der achtbare, aber bieder-provinziell wirkende gelernte Rechtsanwalt Josef Klaus anno 1970 dem roten Lumpazivagabundus der Zweiten Republik, dem schillernden Kosmopoliten Bruno Kreisky, der mit allerlei dubiosen Ankündigungen, wie z. B. einer Verkürzung der Wehrdienstzeit, zu der es in der von ihm versprochenen Form niemals kam, reüssierte. Auch mehrere andere Herausforderer scheiterten an diesem bemerkenswerten Mann. Angesichts des von Kreisky angerichteten, bis heute nachwirkenden politischen und wirtschaftlichen Schadens, erscheint es aus heutiger Sicht unbegreiflich, wie es ihm so lange Zeit gelingen konnte, zumindest relative Wählermehrheiten zu erringen. Das Parteiprogramm der Sozialisten trat, gegen die offensichtlich den Nerv der Wähler treffende Persönlichkeit ihres charismatischen Parteichefs, weit in den Hintergrund.

Seit den 1930er-Jahren glaubt eine Mehrheit der Wähler - beiderseits des Atlantik - offensichtlich immer wieder an den Triumph des Willens: Wenn ein begnadeter Führer es will, dann fließen die Flüsse eben bergauf. Allein dieser erschreckende Befund sollte Zweifel an der angeblichen „Alternativlosigkeit" der modernen Massendemokratie mit allgemeinem, gleichem Wahlrecht aufkommen lassen.

Pest oder Cholera?

Eine stark abnehmende Zahl von Wählern bindet sich heute noch auf Gedeih und Verderb an eine bestimme Partei. „Tradiertes Wahlverhalten" und politisches Lagerdenken sind auf dem Rückzug. Die Mobilität des Elektorats nimmt zu. Angesichts des beklagenswert miesen Angebots treffen allerdings nicht wenige Zeitgenossen ihre politischen Wahlentscheidungen inzwischen nach dem Ausschließungsprinzip. Sie wählen das „kleinste Übel". Manchen erscheint dabei die Cholera in Form von Partei A weniger gefährlich zu sein als die von Partei B verkörperte Pest – oder umgekehrt. Ein Armutszeugnis für das herrschende Politsystem, da am Ende ja auch ein kleines Übel eben ein Übel ist. Was aber treibt jemanden dazu, für ein Übel zu votieren – selbst wenn es noch so klein sein mag?

„Es ist zugleich Privileg und Pflicht jedes aufrechten Demokraten, an Wahlen teilzunehmen, denn wer schweigt, stimmt zu." So oder so ähnlich, lautet eine Standardantwort auf diese Frage. Denn wer nicht zur Wahl geht, hat seine Stimme verwirkt und muss sich mit dem zufriedengeben, was nach der Wahl auf ihn zukommt. Das stimmt natürlich. Aber verhält es sich denn tatsächlich anders, wenn man sich knirschenden Zahns ins Wahllokal quält und sein „kleinstes Übel" wählt? Erreicht man damit tatsächlich, was man wollte?

Gewinnt die präferierte Partei eine absolute Stimmenmehrheit, darf man sich als Sieger fühlen. Manche Detailpeinigung, mit der beim Sieg eines anderen, „größeren Übels" zu rechnen gewesen wäre, wird dann mutmaßlich unterbleiben. Doch die Zeit absoluter Wählermehrheiten ist inzwischen lange vorbei. Einparteienregierungen sind (außerhalb der britischen Inseln, wo ein Einparteienregierungen begünstigendes Mehrheitswahlrecht herrscht) rar geworden. Sie sind heute bevorzugt in korrupten afrikanischen und lateinamerikanischen Bananenrepubliken oder in asiatischen Despotien zu finden. In der Alten Welt dagegen sind Koalitionsregierungen angesagt. In einem solchen Fall stellt sich die Lage weitaus komplizierter dar: Der Grund, der den Wähler zur Wahl seiner bevorzugten Partei oder des „kleinsten Übels" veranlasst hat, war das Erreichen oder die Verhinderung einer bestimmten Entwicklung. Dazu wird es – je nachdem, ob die präferierte Partei in Regierungsverantwortung kommt oder nicht, oder abhängig davon, wie gut sie sich bei den Koalitionsverhandlungen durchsetzen konnte, kaum oder nicht im erwünschten Maße kommen. Schließlich hat der bei der zuvor erfolgten Wahl konkurrierende Koalitionspartner ja eine abweichende Agenda und ist vorrangig daran interessiert, seine eigene Klientel zufriedenzustellen. Mit der Umsetzung der vom einzelnen Wähler gewünschten Politik kann daher nicht mehr gerechnet werden.

Das zentrale, ungelöste - ja unlösbare - Problem, das sich in einer Diktatur der Mehrheit und einer entschlossenen Unterdrückung von Minderheiten manifestierenden Demokratie bei vollständiger Unverantwortlichkeit von Wählern wie auch Gewählten auftut, hat der US-amerikanische Anarchist und Sklavereigegner Lysander Spooner in wenigen Sätzen umfassend dargestellt:

„In Wahrheit kann die Wahlbeteiligung nicht als Beweis der Zustimmung angesehen werden. [...] Im Gegenteil, es muss bedacht werden, dass ein Mensch sich, ohne dass seine Zustimmung erfragt worden wäre, sich von einer Regierung umringt findet, der er nicht widerstehen kann; einer Regierung, die ihn zwingt, unter Androhung schwerer Strafen Geld zu zahlen, Dienste zu erbringen und auf die Ausübung vieler seiner natürlichen Rechte zu verzichten. Er sieht auch, dass andere Menschen diese Tyrannei durch den Gebrauch der Wahlurne über ihn praktizieren. Er sieht ferner, dass er, wenn er die Wahlurne selber benutzt, einige Chancen hat, sich von der Tyrannei durch andere zu befreien, indem er sie seiner eigenen unterwirft. Kurz, er findet sich ohne seine Zustimmung in einer Situation, wo er Herrscher werden kann, wenn er die Wahlurne benutzt, und wo er Sklave werden muss, wenn er sie nicht benutzt. Er hat keine andere Alternative als diese beiden. In einem Akt der Selbstverteidigung versucht er die erstere.

Sein Fall ist analog zu dem eines Menschen, der in eine Schlacht gezwungen wurde, wo er entweder andere töten muss oder selber getötet wird. Daraus, dass ein Mensch das Leben seiner Gegner nimmt, um sein eigenes Leben in der Schlacht zu retten, kann nicht geschlossen werden, dass er diese Schlacht selber gesucht hat. [...] Infolgedessen sind [gewählte Regierungsamtsträger] weder unsere Diener, Agenten, Anwälte oder Repräsentanten [...] (denn) wir übernehmen für ihre Handlungen keine Verantwortung." [1]

In der Tat macht sich der Wähler nach der Wahl unerkannt davon, während der Gewählte sich auf seinen ihm vom Wähler erteilten Auftrag beruft. Weder der eine noch der andere ist für seine Handlungen haftbar zu machen. Dafür sorgt einerseits das Wahlgeheimnis und anderseits einschlägige Gesetze, die bewirken, dass manche - z. B. die Träger politischer Funktionen - eben etwas gleicher sind als das ordinäre Fußvolk. Darüber hinaus auch die gelebte Realverfassung, die sicherstellt, dass selbst der übelste Politdesperado und der inkompetenteste „Volksvertreter" kaum jemals zur bürgerlichrechtlichen oder strafrechtlichen Verantwortung für seine Untaten oder Fehlentscheidungen gezogen werden. Minister, die Milliarden an Steuergeldern in sinnlosen Projekten versenken, finden sich – im Gegensatz zu in der Privatwirtschaft fahrlässig oder vorsätzlich schuldhaft Handelnden – so gut wie niemals auf der Anklagebank wieder. Falls doch, dann kommen sie mit glimpflichen Strafen davon und werden von ihren Parteien im Anschluss daran mit gut dotierten Versorgungsjobs im staatsnahen Umfeld belohnt.

Die Umsetzung der vom einzelnen Wähler gewünschten Programmpunkte hängt also einerseits von einer unabsehbaren Regierungskoalition ab, auf die er keinerlei Einfluss hat. Anderseits – und das wiegt noch wesentlich schwerer - ist keineswegs sicher, dass die angekündigten und/oder fix zugesagten Vorhaben, auch tatsächlich erfolgen, da die Welt für den Politiker nach der Wahl völlig anders aussicht als davor. Jean-Claude Junckers Diktum „Wenn es ernst wird, dann muss man lügen" sagt alles.

Viele Entscheidungen im Zusammenhang mit der Griechenlandhilfe, der Beteiligung Deutschlands und Österreichs an der „Eurorettung", an militärischen Abenteuern im hintersten Outback dieser Welt sowie die Aktivitäten der politisch Verantwortlichen im Hinblick auf die „Flüchtlingswelle" zeigen, dass die Entscheidungen von Regierungen und Parlamentariern nahezu aller Parteien klar gegen die Interessen und den aus Umfragen bekannten Willen der Bürger fallen. Soviel zur Frage, inwieweit ein gehorsam ausgefüllter Stimmzettel auch nur ein Minimum an Aussicht darauf bietet, die Umsetzung seiner Interessen auch tatsächlich zu erleben.

Ob man an einer Wahl teilnimmt oder nicht, ist daher letztlich gänzlich irrelevant. Das gleich mehreren Literaten zugeschriebene Zitat „Wenn Wahlen etwas bewirken würden, wären sie längst verboten" hat daher viel für sich. Es ist realiter nämlich wirklich wurscht, wen oder was man wählt. Immerhin, das sollte bedacht werden, bedeutet auch die Nichtbeteiligung an einer Wahl ein ernsthaftes Statement. Es drückt nämlich entweder das – berechtigte - totale Desinteresse des Verweigerers oder seine grundlegende Ablehnung von in Form demokratischer Wahlen zelebrierter Veitstänze aus. Wäre es nämlich anders, würde er also nicht vom System an sich, sondern nur vom verfügbaren politischen Angebot abgestoßen, würde er einen ungültigen Stimmzettel abgeben.

Wer die Dinge so sieht, wie sie eben leider sind – und erkennt, dass auf dem Boden des herrschenden, hoffnungslos erratischen Politsystems eine Remedur unmöglich ist -, kann gar nicht anders, als sich von demokratischen Bedürfnisanstalten (Wahlzellen) fernzuhalten, falls er weiterhin - und zwar ohne sich dabei zu ekeln - in den Spiegel blicken will. Ihm bleibt im wahrsten Sinn des Wortes gar keine Wahl. Als Wahlverächter kann er seinen Kindern und Enkeln immerhin erhobenen Hauptes entgegentreten und darauf pochen, dass er sich an einer degoutanten Farce namens Wahl nie beteiligt hat.

Den von der Alternativlosigkeit des demokratisch verfassten Wohlfahrtsstaates überzeugten Zeitgenossen sei mit blutroter Farbe ins Stammbuch geschrieben, dass auch der Gottseibeiuns jedes rezenten Demokraten, Adolf der Braune, anno 1933 auf lupenrein demokratische Art in sein hohes Amt gelangte – nicht etwa durch einen Putsch oder einen Staatsstreich. In welchen Stein aber steht denn gemeißelt, dass etwas Vergleichbares nicht schon morgen erneut geschehen kann? Wer wollte einen charismatischen und eloquenten Politverbrecher heute stoppen – und mit welchen Mitteln? Die politischen Strukturen sind seit anno Weimar unverändert, eine demokratische Mehrheit gilt heute wie damals als heilig und – was besonders schwer wiegt – die Medien sind heutzutage korrupter und der Macht höriger als je zuvor. Wer ein, zwei moderierte politische Debatten im öffentlich-rechtlichen (deutschen oder österreichischen) Fernsehen miterlebt hat, weiß, wie´s geht: Unausgewogene Auswahl der Diskutanten (linke respektive regierungsaffine Plauderer sind stets in der Überzahl), parteiische Moderatoren, die sich analog zu einem Fußballschiedsrichter verhalten, der als Spielleiter zwar unparteiisch zu agieren hat, plötzlich aber selbst für eine der beiden Seiten den Ball tritt – bis hin zum handverlesenen Publikum, das an den richtigen Stellen klatscht oder Unmutskundgebungen abgibt. Es sind zur gleichen Zeit erschreckende und erbärmliche Darbietungen, die aus Zwangsbeiträgen finanzierte Medienhuren und -stricher abliefern.

Zurück zum herrschenden System: Würden die Brünetten, Schwarzhaarigen und Blonden sich heute darauf verständigen, die Rothaarigen auszuplündern und/oder auszulöschen, so könnten sie das auf dem Boden des demokratischen Rechtsstaates ungehindert tun, weil sie problemlos jede erforderliche Verfassungsmehrheit aufbieten könnten, um die entsprechende gesetzliche Basis für diese abscheuliche Untat zu schaffen. Der vielfach beschworene „demokratische Rechtsstaat" war und ist nicht mehr als eine Illusion.

Eine friedvolle Zivilisation wird von ehrbaren und verantwortungsbewusst agierenden Privatpersonen getragen, die sich an der „Goldenen Regel", Immanuel Kants „kategorischem Imperativ" oder am libertären Nichtaggressionsprinzip orientieren, nicht aber von einer abgehobenen Politnomenklatura in einem politischen System, welcher Natur auch immer es sein mag.

Eine geschriebene Verfassung ist, nach aller Erfahrung, das Papier nicht wert, auf der sie geschrieben steht. Selbst ein so großartiges, von den klügsten Köpfen ihrer Zeit geschaffenes Werk wie die Verfassung der USA bildet in dieser Hinsicht keine Ausnahme. Kaum einer ihrer Artikel, der nicht von skrupellosen, machtgeilen Politschranzen längst bereits mehrfach gebrochen, gebeugt oder umgangen worden wäre. Um es mit den Worten des liberalen Denkers Anthony De Jesay auszudrücken: „Die Verfassung gleicht einem Keuschheitsgürtel, von dem die Lady selbst den Schlüssel hat." Das erforderliche Verfassungsquorum vorausgesetzt, ist in einer Demokratie einfach alles möglich. Papier ist schließlich geduldig, und Wunsch und Meinung der Mehrheit sind über jede Kritik erhaben. Wer meint, mit seiner Wahlbeteiligung tatsächlich etwas bewegen zu können, soll getrost in dieser Illusion weiterleben. Wer wirklich glaubt, mit einer von vielen Millionen von Stimmen Einfluss auf die Entscheidungen der in jeder Massendemokratie tatsächlich herrschenden Klüngel nehmen zu können, glaubt vermutlich auch an die Existenz des Osterhasen.

Die Essenz der Freiheit ist, wie der deutsche Ökonom und Bestsellerautor Roland Baader so treffend feststellte, die Selbstbestimmung. Nicht deren erbärmliches Surrogat einer demokratischen Mitbestimmung, die überall dort nur Chimäre bleibt, wo alle wichtigen Entscheidungen von der immer gleichen, kleinen Auswahl von Berufspolitikern getroffen werden, wie das in der Spätzeit des alle Lebensbereiche durchdringenden und beherrschenden Wohlfahrtsstaates der Fall ist.

Zum Abschluss noch ein weiterer Gedanke dieses bedeutenden Mannes: „Sobald mehr als die Hälfte der Bevölkerung eines Landes ihr Einkommen ganz oder teilweise vom Staat bezieht, ist eine Umkehr auf dem Weg in die Knechtschaft nicht mehr möglich. Die Stallgefütterten wollen und können auf ihren Futtermeister nicht mehr verzichten. Ihr Schicksal ist dann vorgezeichnet: füttern, melken, schlachten."

Für eine Umkehr scheint es daher längst zu spät zu sein. Auf ihrem Weg in den Abgrund des Totalitarismus haben die mitteleuropäischen Wohlfahrtsstaaten den „Point of no Return" offenbar bereits überschritten.

[1] *Lysander Spooner, aus „No Treason". Link zum englischen Originaltext:* http://praxeology.net/LS-NT-0.htm

7. Wohlfahrtsstaat oder Gesellschaft freier Bürger

Viele große Denker des 20. Jahrhunderts, wie Bertrand de Jouvenel (1903 - 1987), Erik von Kühnelt – Leddihn (1909 - 1999) oder lebende Zeitgenossen wie Anthony de Jasay (geb. 1925), Gerd Habermann (geb. 1945) und Hans-Hermann Hoppe (geb. 1949), stehen der Massendemokratie mit ihren *gezählten,* nicht *gewogenen* Stimmen aus gutem Grund kritisch gegenüber. Sie sehen diese Art der Demokratie, die nur dem Namen nach mit dem in der Polis der griechischen Antike praktizierten System zu tun hat (damals ging es nicht ums *Wählen,* sondern um eine Partizipation verantwortlicher Männer an der Politik), den Wegbereiter des Totalitarismus, ein Synonym für Pöbelherrschaft und Sozialismus. Der Wohlfahrtsstaat bildet die letzte Entwicklungsstufe der auf gewaltsam erfolgende Gleichmacherei gerichteten Massendemokratie. Seine Grenze zur totalitären Demokratie – zur Diktatur des Pöbels - ist fließend. Das Phänomen Wohlfahrtsstaat wird im Folgenden in zwei Schritten abgehandelt: Im ersten geht es um den modernen Wohlfahrtsstaat und seine Entstehungsgeschichte; im zweiten um die Todsünden des klassischen Liberalismus.

Der moderne Wohlfahrtsstaat

Der moderne Wohlfahrtsstaat am Beginn des 21. Jahrhunderts ist – scheinbar - ein Paradies: Wir genießen Fürsorge und Versorgung von der Wiege bis zur Bahre – ganz und gar losgelöst von individueller Leistung und Bedürftigkeit. Alles wird, wie es zunächst scheint, gratis oder nahezu kostenfrei geboten: Kindergärten, Schulen, Hochschulen, Gesundheitsdienstleistungen, wohlfeile öffentliche Transportmittel und Straßen. Das alles ist staatlich monopolisiert, damit qualitativ hochwertig und absolut bombensicher. Der Staat garantiert jegliche Ansprüche – auch solche, denen niemals auch nur ein paar Cent an Einzahlungen gegenüberstanden. Die funkelnde Krone auf alledem bildet die „bedingungslose Grundsicherung" (vulgo Notstandshilfe oder Hartz IV). Damit wurde einem dringenden Bedürfnis endlich abgeholfen und ein einklagbares Recht auf Faulheit gesetzlich verankert.

Wo gehobelt wird, da fallen allerdings bekanntlich auch Späne – und so sind kleine Opfer leider unvermeidlich: Obrigkeitliche Regulative bis in den privaten Lebensbereich sind hinzunehmen – sie dienen ja nur dem Besten der Bürger. Die nunmehr vorgeschriebene Verwendung staatlich anerkannter Leuchtmittel, die rigorose Limitierung der Leistungsaufnahme von Staubsaugern, eine „Duschkopfverordnung" und demnächst in der Gastronomie einzuführende Regulierungen des Bräunungsgrades von Wiener Schnitzeln und Fritten (kein Scherz!) sind prächtige Beispiele. Massive Eingriffe in die Privatrechtsautonomie, teilweise sogar deren restlose Abschaffung, sind an der Tagesordnung. Eine Aufhebung der Vertragsfreiheit in vielen Bereichen – z. B. im Arbeitsrecht, bei der Ladenöffnung, im Mietrecht – und auch vielen Preisvorschriften erscheinen bereits ganz selbstverständlich.

Wir erleben die totale Gängelung der Bürger – weit jenseits dessen, woran George Orwell dachte, als er seine 1984er-Dystopie ersann. Doch Regulierung und Überwachung sind bedauerlicherweise nicht nur kontraproduktiv, weil sie die Wertschöpfung bremsen, indem sie Produktion behindern. Darüber hinaus verursachen sie auch noch hohe Kosten für Überwachungsausrüstungen und Personal. Und da – den falsch gesetzten Anreizen sei Dank - eine stetig kleiner werdende Schar von Produktiven die ganze Chose finanzieren muss, steigt deren Steuerlast unentwegt - was die Effizienz des Gesamtsystems weiter drastisch reduziert. Der Wirtschaftsnobelpreisträger des Jahres 1986, James Buchanan, stellte daher treffend fest: „Die Steuerlast ist endlich." Spätestens bei 100 Prozent Steuerbelastung bleibt auch ein notorischer Workaholic lieber daheim, anstatt für den unersättlichen Fiskus zu fronen.

Eine Binsenweisheit: Im Wohlfahrtsstaat wird weniger produziert, als unter Marktbedingungen möglich wäre. Zwar essen dann alle mit gleich großen Löffeln, die Schüssel aus der sie das tun, ist indes kleiner. Im Land am Strome stehen mittlerweile weniger als 50 Prozent der Bevölkerung in einer erwerbstätigen Beschäftigung. Der Rest sitzt – als Pensionist, Früh- oder Invalidenrentner, als Sozialhilfebezieher, Langzeitstudent oder „Flüchtling" – müßig herum, ohne etwas zu produzieren. Von den Werktätigen liefert – der „soziale" gestaffelte, progressive Einkommensteuertarif macht es möglich - die Hälfte keine direkten Steuern ab. Zieht man von der Zahl der Erwerbstätigen auch noch jene ab, die von Steuern leben, also den öffentlichen Dienst, Kammermitarbeiter, Politfunktionäre etc., dann bleiben etwas mehr als 20 Prozent Nettozahler übrig. Diese bedauernswerten Opfer der „sozialen" Umverteilung sind genötigt, insgesamt gut zwei Drittel ihres Einkommens an den Fiskus abzuliefern (43 Prozent direkte Steuern + 16,66 Prozent Umsatzsteuern + Abgaben + Arbeitgeberanteil zur SV).

Aber trotz dieser niemals zuvor dagewesenen Ausbeutung der Leistungsträger durch den Staat erleben wir einen Staatsschuldenexzess ohnegleichen, da die staatlichen Anmaßungen nicht mehr allein durch Steuern finanziert werden könnten, ohne auf massive Widerstände zu treffen. Der laufende Staatsschuldenexzess läuft auf die unverantwortliche und hochgradig unmoralische Ausplünderung der Jungen und noch Ungeborenen zugunsten der Alten (Babyboomer-Generation) hinaus, die es nicht über sich brachte, ihren Hedonismus zugunsten der Produktion eigenen Nachwuchses, dessen Aufzucht natürlich Pflichten und Verzicht bedeutet, zu zügeln. Bei 1,31 Geburten pro Frau, verliert unsere Gesellschaft pro Generation ein Drittel ihrer Substanz. Ein paar nüchterne Zahlen zur Verdeutlichung der Dramatik der Situation:

Offizieller Schuldenstand 2017: (explizite Schulden) € 293 Mrd. (1970: € 3,42 Mrd.). Das sind pro Bürger € 39.400,- und pro Erwerbstätigem € 70.100,-. Der Zinsendienst liegt p. a. bei derzeit € 7,2 Mrd. – und das trotz historisch niedriger Zinssätze (es handelt sich um aktuelle Zahlen für Österreich).

Ohne die von den jüngeren Generationen dereinst abzutragenden Schulden wäre der Wohlfahrtsstaat (WS) längst nicht mehr finanzierbar. Seine Grenzen sind erreicht und vielfach überschritten – am deutlichsten wohl in Griechenland, dem Land mit dem größten Anteil an mittelbar und unmittelbar Staatsbediensteten im zivilisierten Teil der Welt. Paradoxerweise nimmt, trotz des laufend steigenden Umverteilungsvolumens, die Zahl der Armutsgefährdeten dennoch ständig zu. Offensichtlich mangelt es erheblich an der Treffsicherheit der „sozialen" Umverteilung. Daran wird von der Nomenklatura indes kein Gedanke verschwendet, solange neue Beute eingebracht werden kann. Dafür sind traditionell primär die linken Parteien zuständig, was sie auch umgehend dazu veranlasst, noch höhere Enteignungsquoten für die Leistungsträger zu fordern. Das ist deshalb weithin unwidersprochen möglich, weil die Ergebnisgleichheit – eine Gleichverteilung des Wohlstands über möglichst alle Staatsinsassen - ein zentrales Anliegen des von keiner Partei in

Frage gestellten WS ist. Armut ist – vorgeblich - sein Hauptgegner.

Was aber bedeutet Armut? Kein Dach über dem Kopf zu haben, krank zu sein und nichts zu essen zu haben! Wer so etwas sehen will, muss heute schon recht weit reisen – etwa nach Kalkutta, nach Lagos – oder wenigstens nach Moldawien. Die Armutsbekämpfungs-, Umverteilungs-, Wohlfahrts- und Flüchtlingsindustrie, kurzum, die wackeren Damen und Herren, die ihr Einkommen aus der Bewirtschaftung meist frei erfundenen Elends ziehen, sind hierzulande im Grunde arbeitslos. Abertausende ihrer Mitarbeiter (die Caritas ist inzwischen einer der größten Arbeitgeber im Lande!) – allesamt gut ausgebildet und mit ansehnlichen Bezügen dotiert – wären überflüssig, wenn sie nicht ein geniales Alternativkonzept entwickelt hätten: Das Konzept der relativen Armut! Damit ist ein Perpetuum Mobile zur Umverteilung geschaffen, denn relative Armut wäre nur mittels totaler Gleichmacherei auszurotten – und die zu verwirklichen war selbst unter Stalin, Hitler, Mao, Polt Pot und Castro nicht möglich. Zur Veranschaulichung der aberwitzigen Grundlage dieser Vorstellung: Das willkürlich vorgenommene Konstrukt „relative Armut" bemisst sich am Medianeinkommen. Wer weniger als 60 Prozent des Medianeinkommens bezieht, ist nach dieser völlig losgelöst und frei erfundenen Vorgabe, „armutsgefährdet"! Kurioses Detail zur Veranschaulichung dieser seltsamen Idee: Eine Verdoppelung aller Einkommen hätte nicht die geringste Auswirkung auf die Zahl der Armen. Eine Abwanderung der Reichsten dagegen würde nach diesem bizarren Konzept die Armenquote senken (siehe nachstehende Tabelle):

ABWEGIGES KONZEPT DER „RELATIVEN ARMUT" - ORIENTIERT AM MEDIANEINKOMMEN									
Einkommen		Kollektive Einkommens- verdoppelung bleibt wirkungslos		Zunehmende Zahl von "Besserverdienern" bedeutet mehr Arme		Insgesamt sinkendes Einkommensniveau: weniger oder keine Armen		Zunehmende Zahl der Geringverdiener bedeutet weniger oder keine Armen	
300		600		600		600		300	
300	14,29%	600	14,29%	600	47,62%	600	Keine	300	Keine
300	Arme	600	Arme	600	Arme	600	Armen	300	Armen
500		1000		1000		600		300	
500		1000		1000		600		300	
500		1000		1000		600		300	
500		1000		1000		1000		300	
500		1000		1000		1000		300	
500		1000		1000		1000		300	
500	60%/Median	1000	60%/Median	1000	60%/Median	1000	60%/Median	300	60%/Median
800	480	1600	960	2000	1200	1000	600	300	180
800		1600		2000		1000		800	
800		1600		2000		1000		800	
800		1600		2000		1600		800	
1000		2000		4000		1600		1000	
1000		2000		4000		1600		1000	
1000		2000		4000		1600		1000	
4000		8000		16000		2000		4000	
4000		8000		16000		2000		4000	
8000		16000		32000		2000		8000	
10000		20000		40000		8000		10000	

Gerd Habermann, („Polemisches Soziallexikon") meint: „Der Wohlfahrtsstaat ist das reformerische Nachfolgemodell des versinkenden Sozialismus." Und weiter: „Der Wohlfahrtsstaat ist eine Methode, die Leute mit ihrem eigenen Geld vom Staat abhängig zu machen."

Gerard Radnitzky (1921 – 2006) stellte fest: „Der Wohlfahrtsstaat hat eine neue Art des ‚Individualismus' hervorgebracht: den Individualismus ohne Verantwortung."

Auf Wikipedia lesen wir unter dem Stichwort „Wohlfahrtsstaat": „Wohlfahrtsstaat bezeichnet einen Staat, der weitreichende Maßnahmen zur Steigerung des sozialen, materiellen und kulturellen Wohlergehens seiner Bürger ergreift." Der WS geht daher weit über den Sozialstaat hinaus, der nur Existenzsicherung in Notlagen bietet. Im WS ist Sozialpolitik nicht mehr allein auf bedürftige Gruppen ausgerichtet, sondern beglückt ungefragt jedermann, was die ungeheure Verschwendung an Steuermitteln plausibel macht, die jeden WS auszeichnet.

Die Wiege des Wohlfahrtsstaats steht in Preußen, und zwar nicht erst seit Bismarck, der – ebenso genialer wie zynischer Machtmensch, der er war - die Sozialversicherung „erfunden" hat, um den damals im Aufwind befindlichen Sozialisten den Wind aus den Segeln zu nehmen. Schon der lange vorher amtierende Hohenzollernkönig Friedrich II. (der Große) hatte klare Vorstellungen von der Zwangsbeglückung seiner Untertanen – z. B. mittels „Magazinpolitik", Handelsbeschränkungen, um die eigene Produktion zu schützen (z. B. jene von Seide) und Staatsmonopole (merkantilistische Wirtschaftspolitik). Der Staat sollte der Fürsorger für seine Bürger sein.

Bereits damals regte sich allerdings Kritik an der staatlichen Bevormundung und verschiedenen Handelshemmnissen. Graf Mirabeau nahm etwa den Autarkiegedanken unter Beschuss: der WS „macht weder reich noch glücklich [...] bringt um den Vorteil der internationalen Arbeitsteilung." Und, als ob die Zustände im europäischen Immigrantenstadel der Gegenwart beschrieben würden: „Durch königliche Geschenke angelockt, [sei] Gesindel hingewandert, das nicht die geringste Arbeitslust mitgebracht habe." Weiter: „Der König müsse nicht schenken, er müsse nur frei erwerben lassen." Mirabeau fordert völlige Gewerbefreiheit und „Genussfreiheit" (z. B. für den von Friedrich als „unnötiges Luxusprodukt" qualifizierten Kaffee).

Johann Wolfgang v. Goethe, Beamter und Minister: „Kehre jeder vor seiner eigenen Tür. [...] Das Glück des Ganzen – eine ‚beweglíche Ordnung' – ergibt sich so als Ergebnis spontanen individuellen Handelns." Friedrich Schiller formuliert seine systematische Kritik des gängelnden Staates in seinen „Briefen über die ästhetische Erziehung des Menschen" - „Sparta vs. Athen". (Wohlfahrts-)Staat vernichte die Moral. „Zur moralischen Schönheit der Handlungen ist die Freiheit des Willens die erste Bedingung, und diese Freiheit ist dahin, sobald man moralische Tugend durch gesetzliche Strafen erzwingen will."

Wilhelm von Humboldt sprach vom „passiven Leben des genährten Sklaven". Persönlichkeit war für ihn wichtiger als ein komfortables Leben. Nicht auf fremde Hilfe verlassen – das stumpft ab, macht passiv, untüchtig, verhindert Erfahrungen – und es erzieht zu asozialem Verhalten. Er lehnte, wie Adam Smith, beamtete Erzieher ab. Der Staat sollte nicht Unternehmer sein. Einziger Staatszweck sei dies: die Produktion von Sicherheit nach innen und außen. Immanuel Kant sah die menschliche Würde davon abhängig, seine Ziele selbst definieren zu können: „Dem Leben durch Handlungen einen Wert zu geben." Menschen als unmündige Kinder zu halten, sei dagegen „(...) der größte denkbare Despotismus".

Eine Fundamentalkritik des bereits weiter oben zitierten US-Anarchisten Lysander Spooner, die über den wohlfahrtsstaatlichen Gedanken hinausgreift und sich mit dem Prinzip der politischen Vertretung durch Abgeordnete kritisch auseinandersetzt (ebenfalls aus seinem bereits weiter oben zitierten Aufsatz „No Treason"): „Wenn ein Mensch mein Diener, Agent oder Anwalt ist, bin ich im Rahmen der ihm von mir übertragenen Vollmacht notwendigerweise verantwortlich für alle seine Handlungen. Wenn ich ihm, als meinem Agenten, entweder absolute oder irgendeine Macht über Personen oder Besitztümer anderer Menschen als mir selbst übertragen habe, bin ich dadurch notwendigerweise gegenüber diesen

Personen verantwortlich für jeden Schaden, den er ihnen zugefügt hat, solange er innerhalb des Rahmens der Machtbefugnis wirkt, die ich ihm gewährt habe. Kein Individuum jedoch, das in seiner Person oder seinem Eigentum durch Handlungen des Kongresses geschädigt worden sein mag, kann sich an die individuellen Wähler wenden und sie für diese Handlungen ihrer so genannten Agenten oder Repräsentanten zur Verantwortung ziehen. Diese Tatsache beweist, dass diese anmaßenden Agenten des Volkes - von uns allen - in Wirklichkeit die Agenten von Niemandem sind."

Die neoliberale Kritik des 20. Jahrhunderts richtet sich primär gegen das Setzen falscher Anreize durch den WS. Statt Eigentum zu schaffen und die Produktion zu steigern, wird der Neid aufgestachelt und eine wohlstandsvernichtende Umverteilung – Kapitalverzehr – gefordert und befördert (Erhard, Röpke). Abseits der funktionalistischen Kritik, die auf die reduzierte Effizienz des Systems zielt, ist der WS aber vor allem deshalb zu kritisieren, weil er den frei geborenen Menschen daran hindert, seiner Vorstellung gemäß nach Glück zu streben. Stattdessen wird der Mensch – wie der Verhaltensforscher und Nobelpreisträger Konrad Lorenz eiskalt und trocken feststellt - „verhausschweint" und den Fährnissen einer wandelbaren Sozialpolitik unterworfen. Der Verlust der Freiheit ist die unvermeidliche Folge.

Die Todsünden des klassischen Liberalismus

Der große liberale Ökonom und Sozialphilosoph Friedrich August von Hayek konstatiert: „Der echte Liberalismus zeichnet sich dadurch aus, dass er die nicht auf politischem Zwang beruhenden Konventionen des gesellschaftlichen Zusammenlebens als wesentliche Faktoren für die Erhaltung einer sozialen Ordnung betrachtet." Er stellt das in seinem Opus Magnum „Die Verfassung der Freiheit" im Gegensatzpaar von Kosmos und Taxis dar. Kosmos bezeichnet das, was er eine „spontane Ordnung" nennt – eine, wenn man so will, „informelle" Ordnung, die nicht in Gesetzesform gegossen sein muss, die aber jedenfalls niemals oktroyiert wird. Der Begriff Taxis dagegen bezeichnet die (staatliche) Sphäre von Befehl und Gehorsam. Dagegen ist im Prinzip bis heute nichts zu sagen. Auch andere liberale Denker wie Robert Notzick (Autor von „Anarchie, Staat, Utopia") folgen dieser Grundüberlegung.

Hans-Hermann Hoppe, einer der profiliertesten und radikalsten lebenden Vertreter der „Austrian School" und des „Anarchokapitalismus", der den Überlegungen Hayeks kritisch gegenübersteht, sieht indes den ersten fundamentalen Fehler des klassischen Liberalismus darin, dass der sich, anstatt das Eigentum der Bürger zu schützen, auf die Seite des Staates stellt, der gewaltsam in deren Eigentum eindringt, indem er – ohne Zustimmung der Betroffenen – von ihm festgelegte Zwangsabgaben (Steuern) erhebt. Denn der Staat ist nach Hoppe „eine durch zwei typische Charakteristika geprägte Agentur"und hat „den Anspruch, innerhalb eines begrenzten Territoriums monopolistischer ‚Rechtsetzer und Letztentscheider' zu sein; und das Recht, Zwangsabgaben einzuheben". Das sei, wie er ausführt, ein fundamentaler Widerspruch zur klassisch-liberalen Forderung nach der „Rule of Law", unter der „gleiches Recht für alle" zu gelten hat – also auch für den Staat und dessen Agenten.

Hoppe weiter: „In keiner sozialen Gruppe würde einem Einzelnen das Recht zugestanden werden, auch in Streitfällen, in die er selbst involviert ist, als Schiedsrichter zu fungieren. Dem Staat jedoch steht dieses Recht unwidersprochen zu. Im Fall einer Auseinandersetzung eines Bürgers mit dem Staat, entscheidet immer der Staat in letzter Instanz. Der Staat als enteignender Eigentumsschützer – das ist ein fundamentaler Widerspruch in sich!"

Den zweiten Kardinalfehler des klassischen Liberalismus sieht Hoppe in dessen völlig unkritischer Parteinahme für die Demokratie. Der historische Grund dafür: Die Privilegien des Königs sollten verschwinden. Allerdings wurden im antimonarchistischen Überschwang die persönlichen Privilegien des Monarchen durch funktionelle Privilegien der demokratischen Funktionsträger ersetzt (eine Überlegung, die auch Bertrand de Jouvenel in seinem Buch „On Power" überaus elaboriert ausführt). Die Grundannahme, dass Liberalismus und Demokratie natürliche Verbündete wären, ist durch die Fakten eindeutig widerlegt. Totalitärer als die alle Lebensbereiche regulierende Demokratie im modernen Wohlfahrtsstaat hat keine absolute Monarchie in der Geschichte agiert. Den Bürgern vorzuschreiben, auf welche Weise sie ihr Stiegenhaus zu beleuchten haben, was und wo sie rauchen oder trinken dürfen, ist selbst absolutistisch regierenden Tyrannen nie eingefallen.

Ein zumindest theoretisch starkes Argument: Während ein Monarch sein Land als Privateigentum betrachtet und „nachhaltig" bewirtschaftet – schließlich hat er ein dynastisches Interesse an dessen Werterhaltung –, liegen die Dinge bei demokratisch gewählten Funktionären anders. Der demokratische Politiker ist dem angestellten Unternehmensmanager vergleichbar, nicht dem den Betrieb führenden Eigentümer! Er hat größtes Interesse daran, innerhalb der kurzen ihm zugestandenen Funktionsperiode das Maximum an Ertrag herauszuholen, wird langfristige Ziele also im Zweifelsfall eher vernachlässigen. Er denkt in Vier- oder Fünfjahreszyklen. Die historische Evidenz belegt indes, dass auf einen Marc Aurel wohl zehn Caligulas kommen, was die theoretisch gut begründbare Präferenz für eine monarchische Regentschaft stark abschwächt.

Die Behauptung, dass Demokratien eine Möglichkeit böten, schlechte Funktionäre einfach abzuwählen, wie das etwa Karl Popper (in seinem oft zitierten, aber selten gelesenen Monumentalwerk

„Die offene Gesellschaft und ihre Feinde") feststellt, ist durch die Realität widerlegt. Der Grund liegt in der unterschiedlichen Funktionsweise der Marktsphäre und der politischen Sphäre. Bemerkenswert zum Verständnis dieses Umstands ist das 1914 erschienene Buch „Der Staat" von Franz Oppenheimer. Wie bereits in einem anderen Kapitel zitiert, nennt er zwei Arten, Einkommen zu generieren. Zum einen den Einsatz des wirtschaftlichen Mittels – also die Produktion und/oder den freien Austausch von Waren oder Dienstleistung gegen Geld –, ein Verfahren, bei dem alle Beteiligten gewinnen. Zum anderen das politische Mittel – also die gewaltsame Enteignung der einen Seite durch die andere –, ohne dass den Enteigneten dafür irgendwelche Ansprüche auf konkrete Leistungen erwachsen. Den wirtschaftlichen Wettbewerb gewinnen stets die Besten – zum Wohl des Konsumenten; den politischen immer die übelsten Kreaturen – zum Schaden der Bürger.

Der Schuster, der Kaufmann und der Zahnarzt – sie liefern aus freien Stücken nachgefragte Leistungen. Sie und alle anderen auf dem Markt tätigen Akteure schaffen Werte – Güter. Hier kann ein Wettbewerb der Nachfrageseite nur Vorteile bringen – gleich, ob die nun in niedrigeren Preisen oder in höherer Qualität bestehen. Der Staat dagegen produziert - nichts. Man könnte es noch pointierter formulieren, indem man sagt, er produziert nicht nur keine Güter, sondern sogar Übel, also „Ungüter". Da das so ist, kann ein Wettbewerb in der politischen Sphäre niemals zu etwas Gutem führen! Hoppe: „Es kann kein öffentliches Interesse an einem Wettbewerb bestehen, wer der effizienteste KZ-Kommandeur oder der brutalste Räuber ist." Schon der Kirchenvater Augustinus von Hippo hieb in diese Kerbe, als er (vor mehr als 1600 Jahren!) dem Staat attestierte, unter Umständen nichts anderes zu sein als eine Räuberbande (zitiert von Papst Benedikt XVI. bei seinem Besuch im deutschen Bundestag, der am 22. September 2011 erfolgte).

In einer Erbmonarchie besteht immerhin die Möglichkeit, dass zufällig ein dafür geistig, charakterlich und physisch geeigneter, wenigstens aber ein „netter" Mensch auf den Thron gelangt. In Preußen, Russland und Großbritannien war es mehrfach der Fall, dass derartige Persönlichkeiten die Krone trugen. Österreich hatte in dieser Hinsicht leider deutlich weniger Glück. Im demokratischen Wettbewerb dagegen hat ein anständiger, einfach netter Mensch nicht den Funken einer Chance. Im demokratischen Wettstreit obsiegen nämlich stets die skrupellosesten und völlig moralbefreiten Individuen. Ein Blick auf einige wichtige demokratisch gewählte Politiker – von Abraham Lincoln bis Adolf Hitler und von Georges Clemenceau bis Jacques Chirac – liefert den beeindruckenden Beweis für diese These.

Das demokratische Prinzip ist eben nur auf unterster Ebene sinnvoll anzuwenden - also in kleinen Gemeinden, wo jeder jeden kennt und daher die Gefahr einer institutionalisierten Ausbeutung einer Minderheit durch die Mehrheit gering ist, was auch der gerne, wenn auch kontrafaktisch, als Generalanwalt des Demokratismus zitierte Jean-Jacques Rousseau genau so sah. Kein Wunder, dass die auch steuerrechtlich überaus kleinräumig organisierte Schweiz in mehr als einer Hinsicht vergleichsweise so gut dasteht. Der klassische Liberalismus dagegen – und das ist ein weiterer seiner Kardinalfehler hatte als Ziel stets eine Weltregierung im Blick.

Da das Wesen der modernen Massendemokratie aber nun einmal in der Aneignung fremden Eigentums mittels taktischen Gebrauchs des Stimmzettels liegt, kann man sich leicht ausmalen, was angesichts der internationalen Bevölkerungsverteilung in einem solchen Fall heute geschehen würde: Eine asiatisch dominierte Koalitionsregierung würde den in Europa vorhandenen Wohlstand nach Fernost umverteilen – immerhin leben ja dort und in Ozeanien mehr als 50 Prozent der Weltbevölkerung! Der klassische Liberalismus hat einfach übersehen, dass die Demokratie – als Gegenentwurf zur Monarchie – zu einer wesentlich leichteren Akzeptanz staatlicher Machtansprüche führt. Immerhin bietet sich Krethi und Plethi damit ja die zumindest theoretische Möglichkeit, selbst an die Schalthebel der Macht – und damit an die staatlichen Futtertröge – zu gelangen - was in einer Erbmonarchie unmöglich wäre. Die Chimäre einer möglichen eigenen Beteiligung an den Staatsgeschäften bildet somit eine Art Trostpreis für die zunehmende Ausbeutung durch den Staat.

Dieser Text diente als Grundlage für einen Vortrag vor dem Liberalen Club in Salzburg.

8. Zur Frage
von links und rechts

Dem österreichischen Lyriker und Schriftsteller Ernst Jandl verdanken wir das folgende, im Jahr 1966 entstandene Gedicht namens „Lichtung":

> *manche meinen*
> *lechts und rinks*
> *kann man nicht velwechsern*
> *werch ein llltum*

Zunächst fällt die eigenwillige Orthografie des Verses ins Auge. Schnell wird indes klar, dass durch die gezielte Verwechslung von Buchstaben nachdrücklich das Problem der Unterscheidung politischer Positionen unterstrichen wird. In der Tat hat sich im Laufe der Zeit eine beträchtliche Begriffsverwirrung hinsichtlich der Bedeutung des Rechts-links-Begriffspaares breitgemacht: Was ist „links" und was „rechts"? Wie kommt es, dass in Griechenland rechts- und linksextreme Parteien offenbar problemlos und ohne alle Berührungsängste eine Regierungskoalition eingehen konnten? Und weshalb äußerten vom Meinungshauptstrom als „rechtsaußen" schubladisierte Politiker wie Marine Le Pen und Heinz Christian Strache begeisterte Zustimmung zu den Positionen der linksradikalen „Syriza"? Kann es sein, dass das überkommene Schema der politischen Realität unserer Tage nicht mehr gerecht wird?

Das heute immer noch verwendete Rechts-links-Ordnungsschema geht bekanntlich auf die Sitzverteilung in der französischen Nationalversammlung am Vorabend der Revolution zurück. Dort nahmen die den Status quo verteidigenden Kräfte auf der rechten und die eine Veränderung anstrebenden späteren Königsmörder auf der linken Seite des Plenums Platz. Linker Veränderungswille gegen rechten Wunsch zur Bewahrung des Bestehenden – diese Zuordnung stand am Anfang. Gilt sie auch heute noch?

Keineswegs! Denn heute stehen die (struktur-)konservativen politischen Kräfte, die auf eine Bewahrung und einen weiteren Ausbau wohlfahrtsstaatlicher „Errungenschaften" aus sind, die mit Abgabenlasten von mehr als 50 Prozent einhergehen, allesamt links. Keine der in den europäischen Parlamenten vertretenen Parteien – gleichgültig, ob sozialdemokratisch, christlich-sozial, konservativ oder liberal, hat vor, vom ebenso allsorgenden wie zunehmend totalitäre Züge annehmenden Gouvernantenstaat abzurücken und den Bürger in die ihm sukzessive entrissenen Rechte wieder einzusetzen. Der 180°-Wechsel der Linken, von der Seite der Revolutionäre ins Lager der Kräfte der Beharrung und Verteidigung des Status quo, ist unübersehbar. Damit verbindet sich im Grunde logisch, dass jedwede Initiative zur politisch-gesellschaftlichen Veränderung unserer Tage nur von der extremen Linken (die den Zuständen während der Ära Josef Stalins oder des SED-Regimes nachtrauert und diese wiederherzustellen trachtet) oder von rechts der Mitte kommen kann.

Macht das die Gegner des auf Zwang und Gewalt gründenden, totalen Staates, die Befürworter der Vertrags- und Marktgesellschaft, kurz: die Libertären, demnach zu „neuen Rechten"? Über diese Frage herrscht im kleinen Lager der Libertären alles andere als Einigkeit. Sehen die einen durchaus sinnvolle Koalitionsoptionen mit traditionellen Konservativen, „Identitären" oder nationalen Kräften, legen die anderen Wert auf ihr Alleinstellungsmerkmal abseits von links und rechts, als „extreme Mitte" oder überhaupt jenseits der gängigen eindimensionalen Schubladisierung. Letztlich entscheidend ist das Maß von Zustimmung zur oder Ablehnung der monopolistischen staatlichen Zwangsgewalt. Vereinfacht und verkürzt ausgedrückt: je libertärer, desto radikaler die Ablehnung initiierter staatlicher Gewaltanwendung. Womit auch schon das Verhältnis von Befürwortern eines Minimalstaates, der für innere und äußere Sicherheit sowie für die Rechtsprechung sorgt, und Anarchisten, die eine völlig staatsfreie Privatrechtsordnung anstreben, genannt wäre.

An diesem Punkt angelangt wird offenbar, dass das herkömmliche, eindimensionale Ordnungsschema, das sich nur zwischen den beiden Polen rechts und links einbettet, die Realität nicht (mehr) vollständig abbilden kann. Das führt zu der Verwirrung, die im eingangs zitierten Gedicht angesprochen wird. Das führt zu der immer wieder anzutreffenden Fehleinschätzung, dass „sich die politischen Extreme berühren" – was ausschließlich für den Gebrauch deren Umsetzungsmittel tatsächlich zutrifft.

Eine sinnvolle Einordnung liberaler oder libertärer Positionen ist im linearen Ordnungsschema jedenfalls nicht möglich. Denn in Wahrheit verbindet ebenso Weniges libertäre Positionen mit denen der ebenso gewohnheitsmäßig wie unzutreffend als rechts eingestuften Nationalsozialisten auf der einen wie mit denen der orthodoxen, traditionell links verorteten Sozialisten auf der anderen Seite.

Der österreichische Universalgelehrte und politische Philosoph, Erik von Kühnelt-Leddihn, hat die offene Frage der politischen Bedeutung der politischen Mitte im eindimensionalen Schema durch zwei politisch unkorrekte Fragen auf die Spitze getrieben: „Was soll das sein, die Mitte zwischen Stalins Gulag und Hitlers KZ?" Und er setzt hinzu: „Wie kann der Nationalsozialismus rechts sein, wenn er den Sozialismus doch schon in seinem Namen trägt?" In seinem 1989 publizierten Werk „Die rechtgestellten Weichen" beschäftigt er sich eingehend mit der Unterscheidung von rechts und links und erstellt einen Katalog, der linkes Denken zusammenfasst. Ein kleiner Auszug aus den von Kühnelt-Leddihn gegebenen Antworten:

- Materialismus - ökonomischer, biologischer, soziologischer Natur.
- Messianische Rolle einer Gruppe - Volk, Rasse, Klasse.
- Zentralismus. Unterdrückung lokaler Verwaltungen, Eigenarten etc.
- Totalitarismus. Alle Lebensbereiche von einer Doktrin durchdrungen.
- Völlige staatliche Kontrolle von Erziehung und Unterricht.
- Versorgungsstaat von der Wiege bis zum Grab.
- Antiliberalismus. Freiheitshass.
- Antitraditionalismus. Man kämpft gegen die „Reaktion".
- Gleichschaltung der Massenmedien.
- Abschaffung oder Relativierung des Privatbesitzes. Falls letzterer nominell bleibt, gerät er restlos unter Staatskontrolle.
- Verherrlichung der Mehrheit und des Durchschnitts.
- Plebejismus: Kampfansage an frühere Eliten.
- Berufung auf das demokratische Prinzip.
- Ideologische Wurzeln in der französischen Revolution.
- Einsetzung von Säkular-Riten als Religionsersatz.
- Totalmobilmachung des Neids im Interesse von Partei und Staat.

Jeder einzelne dieser Punkte bestimmt die Politik moderner Wohlfahrtsstaaten. Nicht einer davon fehlt. Der moderne Wohlfahrtsstaat ist somit lupenrein sozialistisch verfasst. Die Reste zivilrechtlicher

Freiheiten unterliegen einem fortschreitenden Erosionsprozess, und es ist daher nur noch eine Frage der Zeit, wann öffentliches Recht das Bürgerliche Recht restlos verdrängt haben wird.

Was ist rechts? Kühnelt-Leddihn: „Das Fehlen oder das Gegenteil dieser Prinzipien; vergessen wir dabei ja nicht, dass Extreme sich nie berühren. Da stehen wir vor einem sehr beliebten, und daher schon überaus idiotischen Klischee. Als ob extrem groß und klein, kalt oder heiß oder das Leben in Rumänien und in Liechtenstein einander ähnlich wären." Die von ihm konstatierte Verwirrung resultiert aus der völligen Unzulänglichkeit des eindimensionalen politischen Ordnungsschemas. Ordnet man die politischen Positionen dagegen auf einem zweidimensionalen (flächigen) Schema ein, wird sofort deutlich, weshalb es immer wieder zu vermeintlichen Übereinstimmungen zwischen „lechts und rinks" kommt. Die in der untenstehenden Graphik vorgeschlagene Einteilung orientiert sich an einer vom Kollektiv zum Individuum gehenden x-Achse und einer vom Zwang zur Freiheit gehenden y-Achse. Fügt man den oben angeführten Katalog des als „links" definierten Denkens in den dafür in Frage kommenden Quadranten dieses Diagramms ein, ist sein Platz links unten, der als „autoritär" definiert wird. Hier finden sich gleichermaßen der Bolschewismus – mit einer stärkeren Ausprägung in Richtung Kollektiv – wie auch der Nationalsozialismus – mit einer stärkeren Ausprägung in Richtung Zwang.

Im diagonal gegenüberliegenden, als „liberal/libertär" bezeichneten rechten oberen Quadranten findet sich Kühnelt-Leddihns Begriffsbestimmung für „rechtes Denken". In diesem Schema erklärt sich schlagartig seine, bei Verwendung eines eindimensionalen Schemas, irritierende Selbsteinschätzung als „rechtsradikaler Liberaler".

Alle im herkömmlichen Politikschema gegeben Zuordnungen für links, wie Betonung von Kollektiv, Gleichheit, Gesinnungsethik, Wille zur fortwährenden Veränderung, Überwachung und Kontrolle, fügen sich in die beiden auf der linken Seite der Darstellung liegenden Viertel. Als „rechts" geltende Zuordnungen, wie Individualismus, Freiheit, Verantwortungsethik, Bewahrung des Bewährten, Vertrauen und freiwillige Übereinkunft, in die beiden rechten Viertel.

Eine Probe aufs Exempel, indem man etwa die Positionen der in den Parlamenten vertretenen Parteien der Gegenwart in die entsprechenden Quadranten einfügt, zeigt sofort die Tauglichkeit des Schemas. Was auffällt, ist, dass der rechte obere Quadrant faktisch völlig leer bleibt, während auf der linken Seite erhebliches Gedränge herrscht. Mit der Verwendung dieses zweidimensionalen Ordnungsschemas bei der Bewertung gesellschafts- und wirtschaftspolitischer Positionen kann dem sowohl von Ernst Jandl wie auch Erik von Kühnelt-Leddihn erkannten Unterscheidungsproblem wirksam begegnet werden. „Lechts und rinks" sind damit wirklich nicht mehr zu „velwechsern".

Dieser Text diente als Grundlage für einen Vortrag anlässlich einer Konferenz des Magazins „eigentümlich frei" in Usedom.

9. Die „Flüchtlingswelle" – ein Brandbeschleuniger

Über die Definition des Flüchtlingsbegriffes ist andernorts schon viel geschrieben worden. Dass die Masse der derzeit Europa heimsuchenden Afrikaner und Orientalen keine Flüchtlinge im Sinne der Genfer Konvention und daher auch nicht asylberechtigt sind, darf als bekannt vorausgesetzt werden. Bei der überwiegenden Mehrzahl der Einreisenden handelt es sich um ganz gewöhnliche Migranten. Nun ist gegen Migration im Grunde nichts einzuwenden, ganz im Gegenteil. Jedermann ist seines Glückes Schmied und hat – unter entsprechenden Voraussetzungen - das Recht, es zu suchen, wo immer er will. Während aber beispielsweise im 18. und 19. Jahrhundert aus Europa in die USA auswandernde Polen, Deutsche, Italiener, Österreicher und Iren bei ihrer Ankunft in New York nicht von Willkommensklatschern und Teddybärwerfern empfangen wurden und vom Tag ihrer Ankunft an selbst für ihr Fortkommen zu sorgen hatten, liegen die Dinge bei der rezenten Einwanderungswelle nach Europa völlig anders. Jeder der Ankommenden braucht sich, sofern er das Wort „Asyl" einigermaßen verständlich über die Lippen bringt und sich rechtzeitig seiner Papiere entledigt hat, um nichts mehr zu sorgen. Das erledigt von diesem Moment an zuverlässig der fürsorgliche europide Wohlfahrtsstaat für ihn. Eine wie auch immer geartete Leistung des Immigranten zu fordern, ist nicht vorgesehen. Das unter der Bezeichnung Wohlfahrtsstaat etablierte Paradies auf Erden garantiert eben nicht nur seinen eigenen Bürgern, sondern jedem Menschenkind, das es über seine Grenzen schafft, ein unbeschränktes Recht auf Faulheit.

Könnte man aber im Falle Englands, Frankreichs, Belgiens und Portugals immerhin noch auf deren Vergangenheit als Kolonialmächte hinweisen und deshalb auf Forderungen nach einer späten Wiedergutmachung im Zuge der luxuriösen Behandlung von Einwanderern aus den ehemaligen Überseebesitzungen dringen, verfangen derlei Überlegungen im Hinblick auf die skandinavischen Staaten, die Staaten der Visegrád-Gruppe und Österreich nicht. Hier besteht – mangels Kolonialvergangenheit - keinerlei historische „Verantwortung". Deutschland, als die Täternation schlechthin, stellt einen einmaligen Sonderfall dar. Auch wenn das Land keine nennenswerte Kolonialvergangenheit aufweist (weil es nach der Reichsgründung 1871 dafür einfach zu spät kam und außerdem weit mehr in seine wenigen Überseebesitzungen investiert als von dort herausgeholt hat), steht es doch in einer ganz besonderen Bringschuld gegenüber allen Mühseligen und Beladenen dieser schnöden Welt. Daran dürfte sich wohl auch in den kommenden 1.000 Jahren nichts ändern – zumal sich ja die politischen Eliten des Landes permanent in ihrem morbiden Schuldstolz suhlen. In puncto Selbstgeißelung haben die Deutschen Meinungsführer weltweit keine ernstzunehmende Konkurrenz.

Österreich, das ist ein kurioses Detail des Zuwanderungstsunamis, hat sich zum wahren Eldorado für Immigranten aus Afghanistan und Tschetschenien entwickelt, weiß der Teufel, warum. Es handelt sich dabei jedenfalls um Länder, in denen bekanntlich keine Kriege toben. Fluchtgründe liegen somit keine vor – vom unbändigen Verlangen abgesehen, im fernen Ausland dauerhaft und gegenleistungsfrei auf fremder Leute Kosten durchgefüttert zu werden.

Man darf die Schuld an den dank der „Flüchtlingswelle" im Norden, Süden und Westen Eurolands herrschenden, zunehmend prekären Zuständen jedoch nicht den Migranten zuweisen. Einem aus einer rückständigen Gewaltkultur stammenden Menschen vorzuwerfen, dass er sich wie ein solcher verhält, ist nämlich unsinnig. Er ist halt so. Wer also die für die sich dramatisch verschlechternde Sicherheitslage Europas Verantwortlichen sucht, sollte seinen Blick auf die nationalen Parlamente, nach Brüssel oder auch in den Spiegel richten. Der Klüngel von „Wir-schaffen-das"-Parolen absondernden Totengräbern Eurolands wurde schließlich auf demokratische Weise – von veritablen Wählermehrheiten - in seine hohen Ämter gehievt.

Ein Blick ins Geschichtsbuch lehrt, dass alle in der Vergangenheit untergegangenen Reiche und Imperien ausnahmslos aufgrund innerer Fehlentwicklungen untergingen. Der Ansturm äußerer Feinde war immer nur dann erfolgreich, wenn das politisch-wirtschaftliche System und die allgemeine Moral in den berannten Herrschaftsgebieten darniederlagen. Die im Europa unserer Tage zu beobachtenden Entwicklungen zeigen erstaunliche Parallelen zu jenen in der Spätzeit des weströmischen Reiches. Auch damals lebte, wie heute, ein (viel zu) großer Teil der Bevölkerung von staatlichen Subsidien, ohne dass ihnen dafür Gegenleistungen abverlangt worden wären. Die Wehrkraft befand sich auf einem Tiefpunkt (die Landesverteidigung oblag nicht mehr wie zuvor Volksheeren, sondern lag in den Händen von Söldnern), und die autochthone Bevölkerung schrumpfte aufgrund eines deutlichen Geburtenrückgangs. Klingt das nicht wie Meldungen rezenter Presseerzeugnisse?

Die vor dem Fall Roms durch den Einfall der Hunnen ausgelöste Völkerwanderung, die eine Invasion germanischer Stämme am Ende des fünften Jahrhunderts zur Folge hatte, besorgte dann nur noch den Rest. Das weströmische Reich war indes bereits vorher faktisch erledigt. Auch Europa am Beginn des 21. Jahrhunderts ist von einem allgemeinen Werteverfall, von Kinderlosigkeit (besonders der besser gebildeten Schichten) und von einem haarsträubenden Niedergang der Wehrbereitschaft gekennzeichnet. So ist die kleine Schweiz heute etwa in der Lage, mehr Bewaffnete ins Feld zu stellen als das zehnmal bevölkerungsreichere Deutschland, das im vergangenen Jahrhundert immerhin gleich zwei Mal die stärkste Militärmaschinerie des Kontinents aufbieten konnte. Werteverfall, Kinderlosigkeit und mangelnde Wehrbereitschaft sind überdeutliche Symptome einer dysfunktionalen Gesellschaftsordnung: Wer aufgrund eines alle Lebensbereiche infiltrierenden, jede eigenständige Äußerung, Handlung und Leistung im Keim erstickenden Politsystems keine positiven Zukunftsperspektiven mehr erkennen kann, setzt eben auch keine Kinder in die Welt. Und wer weit und breit nichts finden kann, wofür es sich lohnen würde, sein Leben aufs Spiel zu setzen, wird auch nicht daran denken, mit der Waffe in der Hand für sein Vaterland zu streiten.

Zu Kaisers Zeiten – und auch noch danach - fanden sich für viele Bürger Europas offenbar noch Werte, für die zu kämpfen man das eigene Leben auf Spiel zu setzen sich nicht scheute. Und heute? Für die Pfründen einer abgehobenen und korrupten Nomenklatura? Für den Kampf gegen den angeblich menschengemachten Klimawandel und für die 35-Stundenwoche? Für Steuerlasten von mehr als 60 Prozent? Für all das riskiert keiner, der seine fünf Sinne beisammen hat, sein Leben.

Eine im Jahr 2015 von Gallup durchgeführte Untersuchung zum Thema Wehrbereitschaft[1] zeigt zum Teil alarmierende Resultate. Während etwa in Finnland und in der Türkei 74 bzw. 73 Prozent der Befragten für ihre Heimat in den Krieg ziehen würden, sind es in Deutschland gerade noch 18 und in den Niederlanden ganze 15 Prozent. Die Schweiz liegt mit 39 Prozent nahezu auf dem doppelten Niveau wie Österreich mit 21 Prozent. Die weltweit geringste Verteidigungsbereitschaft besteht in Japan mit elf Prozent. Dass ausgerechnet die beiden Hauptkriegsverlierer des Jahres 1945 derart geringe Werte aufweisen, lässt den Schluss zu, dass die von den Alliierten (insbesondere den Amerikanern) nach dem Kriege ergriffenen Umerziehungsmaßnahmen absolut erfolgreich waren. Auf deutschem Boden wird wohl erst dann wieder von einer nennenswerten Wehrbereitschaft die Rede sein, wenn dort türkische Migranten die Bevölkerungsmehrheit stellen. Das Vertrauen autochthoner Deutscher und Japaner unter den von den USA aufgespannten militärischen Schutzschirm kennt offenbar keine Grenzen.

Kriege wurden und werden stets von jungen Männern geführt – keine neue Erkenntnis.[2] Junge Männer strotzen von Testosteron und sind – im Vergleich zu Frauen oder älteren Männern - entsprechend aggressiv und daher kriegstauglich und -willig. Die indigenen Völker Nord- und Südamerikas hatten das Unglück, dass die Alte Welt im 15. und 16. Jahrhundert von jungen Männern überquoll, um deren Zukunftsaussichten es eher düster bestellt war. Die von den Herrschern genährte Hoffnung, dass sie in der Neuen Welt ihr Glück machen könnten, besiegelte letztlich das Schicksal der dort ansässigen Bevölkerungen. Die hatten der überlegenen Militärtechnologie und –taktik der Invasoren nichts Wirksames entgegenzusetzen.

An diesem Punkt treten entscheidende Unterschiede zwischen den historischen und der laufenden Wanderungsbewegung zutage. Einerseits waren die aus Europa ankommenden Invasoren am Beginn der Neuzeit technisch und auch an Zahl überlegen. Nördlich des Rio Grande dürften auf dem amerikanischen Kontinent um das Jahr 1500 nicht mehr als eine Million Menschen gelebt haben. Andererseits fügten sich die Autochthonen aber keineswegs kampflos in ihr Schicksal, sondern leisteten den europäischen Eindringlingen, nachdem sie erkannt hatten, dass die nichts weiter als Unheil über sie bringen, bis ins letzte Viertel des 19. Jahrhunderts hinein erbitterten Widerstand[3].

Europa zu Beginn des 21. Jahrhunderts leistet der laufenden Invasion dagegen nicht nur keinen Widerstand, sondern fördert diese auch noch nach Kräften. Und die rezenten Invasoren sind den Europäern – abgesehen von der ihnen eigenen, kulturell bedingten Bereitschaft zur Gewaltanwendung in jeder Hinsicht unterlegen. Sie entstammen nicht, wie weiland die in Amerika einfallenden Konquistadoren, einer überlegenen Zivilisation. Ganz im Gegenteil! Afrika und die Welt des Islam sind wissenschaftlich und technisch rückständig (es gibt gerade einmal zwei der Welt des Halbmonds entstammende Wissenschaftsnobelpreisträger), in kultureller Hinsicht steril und militärisch von absolut vernachlässigbarer Qualität, wie zahlreiche Nahostkriege eindrucksvoll unter Beweis stellen. Unbegreiflich, was hier abläuft. Selbst für Verschwörungstheorien gewöhnlich nicht anfällige Zeitgenossen können an diesem Punkt ins Grübeln kommen und sich fragen, weshalb hier ein von wem verfasstes Drehbuch zu wessen Gunsten und Nutzen umgesetzt wird.

Als Europa noch gesund war und voller Saft und Kraft steckte, also bis zum alles verändernden und entscheidenden Jahr 1914, wäre kein König, Kaiser oder Ministerpräsident auf die völlig aberwitzige Idee verfallen, der westlichen Kultur und Lebensart zutiefst ablehnend bis offen feindselig gegenüberstehende Menschen aus den schlimmsten Höllenlöchern dieser Welt millionenfach ins Land zu komplimentieren. Auch die Intellektuellen, Literaten und Journalisten dieser Zeit würden derartige Aktivitäten einer unbarmherzigen Kritik unterzogen haben. Kurzum: Damals hatte die Alte Welt die Lust an der planmäßigen Selbstbeschädigung noch nicht entdeckt (das änderte sich erst mit der europäischen Katastrophe des Ersten Weltkriegs).

Der eher ungewöhnliche Wunsch, sich möglichst zielstrebig sein eigenes Grab zu schaufeln, beschränkt sich bislang auf Europa und hat die Neue Welt noch nicht erfasst. In den USA, Kanada, Australien und Neuseeland kann nicht nach Gutdünken einreisen, wer dazu lustig ist und auf einer lebenslänglichen Vollversorgung durch die dort Ansässigen bestehen. Wer dort willkommen sein will, hat bestimmte Voraussetzungen zu erfüllen, also zum Beispiel eine gefragte Qualifikation und hinreichende Kenntnisse der englischen Sprache nachzuweisen. Dementsprechend differenziert sich auch die Qualität der Einwanderer. Während die Staaten der Neuen Welt nur die bestqualifizierten Migranten (legal) einreisen lassen, bleibt für Europa nur der Bodensatz übrig: Nicht oder Minderqualifizierte, Analphabeten und/oder Kriminelle und potentielle Terroristen.

Die von der Politik, beamteten „Bevölkerungswissenschaftlern" und Agenten im Sinne einer ebenso ungebremsten wie unkontrollierten Masseneinwanderung tätigen NGOs (die an der Elendsbewirtschaftung prächtig verdienen) immer wieder erhobene Behauptung, die Immigration sei zur Erhaltung der europiden Sozialsysteme unerlässlich, ist aus mehreren Gründen abwegig. Das liegt zum einen an sprachlichen Barrieren. Wenn ein besser gebildeter Migrant aus einem der in Frage kommenden Herkunftsländer eine in Europa oder der Neuen Welt gebräuchliche Fremdsprache beherrscht, dann ist es Englisch. Sich zusätzlich noch auf mühsame Weise Deutsch, Französisch oder Italienisch anzueignen, dürfte wohl den wenigsten von ihnen einfallen. Damit fallen also besser qualifizierte Migranten für Kontinentaleuropa von vornherein aus.

Migranten, die mehr als den Wunsch nach fremdfinanzierter Vollkaskoversorgung im Gepäck haben, werden zunächst ein Auge auf die Höhe der in den ins Auge gefassten Zielländern bestehenden Steuer- und Abgabensätze werfen. Sobald ihnen klar wird, dass bereits mittlere Einkommensbezieher in Kontinentaleuropa mit über 50 Prozent fiskalischer Enteignung gequält werden, wird ihre Begeisterung für diese Reisziele ebenso schnell wie vollständig erkalten. Menschen, die nicht vorhaben, ins Sozialsystem einzuwandern, sondern ihren Lebensunterhalt aus eigener Kraft zu bestreiten beabsichtigen und eigenständig materiellen Wohlstand schaffen wollen, werden daher Länder im Süden und Westen Europas eher nicht ins Auge fassen. Das haben sie auch gar nicht nötig, weil sie ja in Ländern wie Australien oder Neuseeland – Qualifikation vorausgesetzt – hochwillkommen sind, wo sie den Großteil ihres Einkommens behalten dürfen und sich daher ein Vermögen aufbauen können, was in Euroland mittlerweile selbst gutqualifizierten Inländern, dank der konfiskatorischen Charakter tragenden Steuersätze, kaum noch möglich ist.

Da somit für Europa nahezu ausschließlich minderqualifizierte Migranten übrigbleiben (während die anderen in Übersee an Land gehen), die selbst dann, wenn sie einen Arbeitsplatz ergattern können, lebenslang nie zu Nettosteuerzahlern mutieren werden, leisten diese Menschen also nicht nur keinen Beitrag zum Erhalt der Sozialsysteme, sondern sie werden diese zeitlebens mit ihren Ansprüchen belasten.

Wir haben es in Deutschland und Österreich gleichermaßen einerseits mit einem Braindrain zu tun, der die bestausgebildeten Jungen abwandern lässt und gleichzeitig mit einem massenhaften Zuzug nicht nur integrationsresistenter, sondern darüber hinaus auch für anspruchsvolle Arbeiten weitgehend unbrauchbarer Menschen zu tun. Gerade einmal zehn Prozent der Ankommenden werden von der jeder Xenophobie unverdächtigen deutschen Arbeitsministerin, Andrea Nahles, als fit für den Arbeitsmarkt eingeschätzt.[5] Der Rest wird wohl auch noch in zehn Jahren den produktiv Werktätigen auf der Tasche liegen.

Die Flut unqualifizierter Migranten kommt deshalb zu einem besonders ungünstigen Zeitpunkt, da die recht starke Generation der Babyboomer sich eben anschickt, in Rente zu gehen. Wer aber nun meint, dass syrische Kamelmistsammler imstande wären, den Aufwand für die Pensionsansprüche von heimischen Diplomingenieuren zu schultern, muss im Mathematikunterricht oft gefehlt haben. Wenn von einem Nutzen der Migration für die Sozialsysteme die Rede sein kann, dann nur unter der Voraussetzung, dass die Zuwanderer über genau jene Qualifikationen verfügen, die in hochentwickelten Industrieländern eben gefragt sind. Die von IT-Technikern, Maschinenbauingenieuren und von in den Naturwissenschaften tätigen Forschern erbrachte Wertschöpfung, die zum Erhalt des Sozialsystems unabdingbar ist, kann eben nicht von Reinigungskräften und Kebabbratern erbracht werden. Somit nutzt der Zuzug geringqualifizierter Migranten lediglich der mit deren Versorgung beschäftigten Sozial- und Wohlfahrtsindustrie – und das auf Kosten der produktiv Tätigen. Dass es kein nachhaltiges Geschäftsmodell sein kann, massenhaft Leute ins Land zu schleusen, die für die heimische Wirtschaft weitgehend unbrauchbar sind und daher den Großteil ihrer Zeit müßig auf Parkbänken verbringen, sollte jedem einleuchten, der nicht der amtierenden Bundesregierung oder einer mit der Elendsbewirtschaftung befassten NGO angehört.

Eine weitere Eskalationsstufe wird im Herbst des Jahres 2017 (nach der Wahl!) erreicht werden, wenn sich Hunderttausende Syrer im Rahmen der Wahrung ihres verbrieften Rechts auf Familienzusammenführung nach Deutschland auf den Weg machen werden. Eine runde Million wird es, bei vorsichtiger Schätzung, schon werden. Kein Problem – die gute Angela Merkel wird auch das schaffen. Dass uns aus Italien Meldungen erreichen, wonach es in Städten wie Palermo, Catania, Neapel, aber auch Rom mittlerweile beinahe täglich zu bürgerkriegsartigen Auseinandersetzungen zwischen Europäern und gewalttätigen afrikanischen Invasoren kommt, denen die Behörden vielfach ratlos gegenüberstehen, beunruhigt, außer die unmittelbar Betroffenen, niemanden.[4] Auch der Umstand, dass jetzt allem Anschein nach das organisierte Verbrechen (Camorra und Mafia) die Aufgaben der staatlichen Sicherheitsbehörden übernimmt und (allerdings mit recht brachialen Mitteln) für Ruhe und Ordnung sorgt, wirkt auch nicht blutdrucksteigernd auf unsere Führer. Naja, ist ja alles weit, weit weg und - wie gesagt - wir schaffen das.

Der US-Ökonom Milton Friedman brachte die Problematik auf den Punkt, indem er meint: „Man kann entweder offene Grenzen oder einen Wohlfahrtsstaat haben. Beides zugleich geht nicht."[6] Die „Flüchtlingswelle" liefert den empirischen Beweis für seine These. Max Frischs Drama „Biedermann und die Brandstifter" scheint die 1:1-Vorlage für die derzeit in Europa laufende Groteske zu liefern. Man darf ebenso gespannt wie besorgt darauf warten, wer das nächste von der unglückseligen Biederfrau Angela Merkel und ihren nicht minder schief gewickelten Genossen an die Brandstifter verteilte Streichholz entzünden und an die Lunte legen wird. Ob es nun die Bombengürtel der mit den „Flüchtlingen" eingesickerten IS-Mordbrenner sein werden, die Europa in die Knie zwingen, oder ob es die demographische Bombe sein wird, auf der wir - aus eigenem Verschulden – sitzen, die uns in den Abgrund reißen wird - steht noch nicht fest. Ihre Zukunft, so scheint es, hat die Alte Welt in der uns bislang bekannten Form jedenfalls so oder so hinter sich.

Um es zu wiederholen: Die laufende Massenmigration ist nicht die Ursache der in Euroland herrschenden Krankheit, sondern vielmehr ihr Symptom. Für die durch Migration angeblich zu rettenden Systeme der sozialen Sicherheit, die sich ohnehin bereits im Schwelbrand befinden, stellt sie indes unzweifelhaft einen Brandbeschleuniger dar.

[1] http://gallup-international.bg/en/Publications/2015/220-WIN-Gallup-International's-global-survey-shows-three-in-five-willing-to-fight-for-their-country
[2] https://www.amazon.de/S%C3%B6hne-Weltmacht-Terror-Aufstieg-Nationen/dp/3280060087
[3] https://de.wikipedia.org/wiki/Indianerkriege
[4] https://www.youtube.com/watch?v=LtDNqRugZG4
[5] https://deutsche-wirtschafts-nachrichten.de/2015/09/11/nahles-nicht-einmal-jeder-zehnte-fluechtling-fuer-arbeit-oder-ausbildung-qualifiziert/
[6] https://www.youtube.com/watch?v=3eyJIbSgdSE&feature=player_embedded

10. Tit for Tat – Gedanken zur „Todesstrafe"

Der offensichtlich mehr und mehr dem Cäsarenwahn verfallende Präsident der Türkischen Republik, Recep Tayyip Erdoğan, hat einem in Europa längst erledigten Thema erneut Aktualität verschafft: Es geht um die Todesstrafe.

Totalitäre und/oder autoritäre Regime griffen und greifen stets gerne zu diesem Mittel, um sich tatsächlicher oder vermeintlicher Gegner zu entledigen. Für sie ist die Todesstrafe das sicherste Mittel, um zuverlässig sicherzustellen, einen Widersacher unwiderruflich auszuschalten. Despoten, die ein ruhiges Leben schätzen, kümmern sich bei der Gelegenheit sicherheitshalber gleich auch um die Familien ihrer Widersacher. Sippenhaftung. Man kennt das von zahlreichen degoutanten Episoden aus der Geschichte. Verbannungen, Einweisungen in psychiatrische Anstalten oder die Verhängung von Gefängnisstrafen bergen für die Machtelite immerhin das Risiko, zu einem späteren Zeitpunkt erneut mit unliebsamen Zeitgenossen konfrontiert zu werden. Auch dafür gibt es zahlreiche historische Belege. Der Henker dagegen schafft jede Gefahr zuverlässig aus der Welt.

Es liegt auf der Hand, dass die Todesstrafe – und sei es nur als eine den Herrschenden zur Verfügung stehende, latente Drohung - ein brandgefährliches Instrument zur Unterdrückung jeder politischen Opposition darstellt, wenn ihre Anwendung nicht auf aggressive

Gewalttäter (wie etwa Mörder) beschränkt bleibt. Die Türkei, nach immer noch vorherrschender Ansicht führender Politiker in den USA und Eurolands eine lupenreine Demokratie, schickt sich eben an, die Bestätigung dafür zu liefern, dass demokratisch verfasste Staaten vor dem Einsatz dieses Mittels zur Durchsetzung politischer Interessen keineswegs zurückschrecken. Immerhin beruft sich der demokratisch gewählte türkische Präsident bei seiner Forderung nach einer Wiedereinführung der Todesstrafe auf den Willen der Mehrheit der Stimmberechtigten. Frage an aufrechte Demokraten und damit Verfechter der Mehrheitsdiktatur: Sollte es tatsächlich möglich sein, dass die geheiligte Mehrheit gelegentlich auf dem falschen Dampfer sitzt? Und – falls ja – wer sollte, auf wessen Ratschluss, zu deren Vormund bestellt werden? Und wer kontrolliert in diesem Fall die Kontrolleure?

Wie zur Bestätigung Erdoğans, wurde bei einer von seinen Anhängern in Köln inszenierten Massenveranstaltung von den Demonstranten die Einführung der Todesstrafe (einstweilen allerdings nur in der Türkei) verlangt. Im Visier des Sultans und seiner Anhänger stehen dabei aber nicht etwa solche Personen, die anderen Menschen vorsätzlich – und nicht im Zuge einer Selbstverteidigungs- oder Notwehrhandlung – das Leben genommen haben. Sie haben vielmehr *politische Widersacher* im Sinn, an deren Händen keineswegs Blut kleben muss. „Schreibtischtäter" zu sein, reicht. Das Motiv ist nicht die Forderung nach Sühne für eine kapitale Bluttat, sondern die Zementierung politischer Herrschaft mittels der physischen Eliminierung von Gegnern. Das reicht ihnen zur Rechtfertigung der Anwendung des ultimativen Mittels staatlicher Zwangsgewalt aus.

Zweifellos besteht in Europa, zumindest im Augenblick noch, breiter Konsens darüber, dass die Anwendung tödlicher Gewalt gegen Menschen mit einer von der Linie der Regierung abweichenden

Weltanschauung nicht in Frage kommt. Ausnahmen bilden allenfalls Vertreter verschiedener Linksparteien, die sich als Erben und geistige Nachfolger verbrecherischer Regime gerieren, und überdrehte Grünfaschisten, deren zunehmende Unduldsamkeit darin kulminiert, auch „Klimaleugner" baumeln sehen zu wollen. Selbst die im Machtrausch befindlichen Mitglieder des europäischen Politbüros, die stets vehement für den Beitritt der Türkei zur EU eingetreten sind, sind durch die aktuellen Ereignisse bei ihrem liebsten Bündnispartner diesseits des Atlantik mit einem Mal ein wenig peinlich berührt.

Von der Frage des Einsatzes tödlicher Gewalt zur Beseitigung politischer Dissidenten ist die „Todesstrafe" im Gefolge eines Kapitalverbrechens indessen grundsätzlich zu unterscheiden. Das Wort *Todesstrafe* wurde übrigens nicht grundlos in der Kapitelüberschrift in Anführungszeichen gesetzt.

Zur Erläuterung: In einem freiheitlichen, rechtsbasierten Gemeinwesen kann kein Zweifel daran bestehen, dass die Wiedergutmachung und Schadlosstellung von Verbrechensopfern sowie der Tatausgleich im Zentrum der Strafrechtspraxis zu stehen haben. Dass ein gefasster Dieb, Räuber oder Betrüger seine Beute an den rechtmäßigen Eigentümer zurückzustellen hat, ist selbst im sozialistischen Wohlfahrtsstaat unsere Tage (noch) unstrittig. Dem Dieb seine Beute wieder abzunehmen, ist jedenfalls nicht als *Strafe* zu qualifizieren. Eine Strafe für denjenigen, der sich widerrechtlich an fremdem Eigentum vergriffen hat, könnte etwa darin bestehen, den Täter dazu zu verurteilen, ein Mehrfaches des Beutewertes zu leisten – ob an den Geschädigten oder an den Staat, ist im Hinblick auf die hier behandelte Problematik grundsätzlich belanglos. Der entscheidende Punkt ist, dass Tatausgleich und Strafe voneinander zu unterscheiden sind.

Wie verhält es sich nun bei einem Kapitalverbrechen? Wie der Dieb, so hat auch der Mörder etwas gestohlen – nämlich ein Leben. Wird er gefasst, hat er – siehe oben – seine Beute zurückzuerstatten. Da er das gestohlene Leben aber nicht wieder herausgeben kann, muss er eben mit seinem eigenen bezahlen – so einfach ist das. Wohlgemerkt: Einem Mörder das Leben zu nehmen, hat daher mit Strafe überhaupt nichts zu tun. Es geht dabei lediglich um den auch einem Dieb abverlangten Tatausgleich. Eine Strafe wäre es, würde man ihn vor der Urteilsvollstreckung auspeitschen oder anderweitig quälen. Wenn am bewährten alttestamentarischen Prinzip des „Auge um Auge" etwas stört, dann nur das: Der Mörder, dem nichts weiter als sein Leben abverlangt wird, kommt straffrei davon.

Kritikern der „Todesstrafe" wird dieser Gedanke vermutlich niemals in den Sinn gekommen sein: Einem Mörder das Leben zu nehmen, bedeutet keine Strafe sondern einen Tatausgleich. Ein vom Mörder mutwillig verursachtes Ungleichgewicht wird durch seinen Tod ausgeglichen. Auch aus libertärer Sicht entsteht dadurch kein Problem. Das Nichtaggressionsprinzip wird durch den Tod des Mörders nicht verletzt, da die Aggression ja von ihm selbst und nicht vom Richter oder Henker ausging. Ihm das Leben zu nehmen, ist somit unzweifelhaft kein Akt der Aggression. Auch sein Recht auf Selbsteigentum wird nicht berührt, wie der Analogieschluss zum gewöhnlichen Diebstahl deutlich macht.

Darüber hinaus ist ein schwerwiegendes, „funktionalistisches" Argument zu bedenken: In der gegenwärtig herrschenden Praxis der sich so ungemein fortschrittlich dünkenden Alten und Neuen Welt ist die Verhöhnung von Verbrechensopfern und deren Hinterbliebenen durch Politik, Justiz und Medienberichterstatter zur Routine geworden. Alles Sinnen und Trachten von Politik, Gerichten und der veröffentlichten Meinung richtet sich immer und ausschließlich auf das Schicksal des Täters, während sich um die Opfer (und deren Hinterbliebene) keiner auch nur im Geringsten schert. Rührselige Geschichten von der beklagenswerten Kindheit des Täters, von der angeblichen Benachteiligung seiner Eltern, seinem derangierten sozialen Umfeld sind ganz normal. Filmemacher produzieren herzzerreißende Reportagen über zum Tode verurteilte Häftlinge und werten Täter zu Opfern („der Gesellschaft") um. Darum, was ein zu Tode gequältes Opfer vor seinem Hinscheiden mitgemacht hat; darum, wie nun ein(e) Hinterbliebene(r) sein weiteres Schicksal – möglicherweise unter prekären finanziellen Bedingungen – zu meistern genötigt ist, wird dagegen kein Wort verloren, kein Film und keine Reportage produziert.

Damit nicht genug, wird den vom Gewaltverbrecher zu Witwen und Waisen gemachten Hinterbliebenen nicht nur eine materielle Wiedergutmachung seitens des Staates verweigert, der ja immerhin die Zusicherung abgegeben hat, jederzeit für die Sicherheit seiner Insassen zu sorgen, und die Genugtuung vorenthalten, den Mörder sterben zu sehen. Nein, sie werden in ihrer Eigenschaft als Steuerzahler zu allem Überfluss auch noch dazu genötigt, für die Unterbringung, Verköstigung und Bewachung des Täters mit ihren Steuergeldern aufzukommen. Das Mordopfer wird – im Gegensatz zum verhätschelten Täter, um dessen Wohlergehen sich ganze Rudel von Sozialingenieuren und Gesellschaftsklempnern bemühen - die Sonne nie mehr aufgehen sehen. Seine Erben müssen hingegen Frondienste dafür leisten, dass dem Täter dieser Genuss ja nicht abhandenkommt. Damit fügt der Staat dem vom Täter gesetzten Unrecht auf zutiefst zynische Weise noch blanken Hohn hinzu. Das hat mit Humanismus und Fortschritt nichts zu tun! Der europäische „Rechtsstaat" ist ein schwarzer Schimmel – ein Oxymoron.

Es ist erstaunlich, wie kaltschnäuzig der Staat, seine Organe und die veröffentlichte Meinung, die sich gar nicht genug über die Interessen von Tätern den Kopf zerbrechen können, Gefühle und Interessen der Opfer von Kapitalverbrechern ausblenden. Auf die Idee, sich in die Lage von Gewaltverbrechensopfern oder Personen zu versetzen, deren Angehöriger durch einen Gewalttäter zu Schaden oder gar ums Leben kam, kommt weder ein Politiker noch ein Zeitungs-, Radio- oder Fernsehfuzzi. Dass solche Menschen nun tot und begraben sind, als Krüppel oder schwer traumatisiert ihr restliches Leben fristen müssen, oder schwer unter dem Verlust einer geliebten Person leiden, ist absolut uninteressant. Keiner reicht ihnen eine helfende Hand.

Um keine Missverständnisse aufkommen zu lassen: Hier wird weder für die Selbst- oder Lynchjustiz noch für die Legitimierung von privat geführten Rachefeldzügen eine Lanze gebrochen. Selbstverständlich sind Verfahren gegen Gewaltverbrecher von unabhängigen Gerichten und nicht von Tatopfern oder deren Angehörigen zu führen. An der Wiederbelebung einer Blutrachekultur kann niemand interessiert sein. Allerdings ist längst die Frage überfällig, weshalb die gängige Rechtspraxis sich ausschließlich mit den Tätern beschäftigt und das Schicksal und die Interessen von Opfern und deren Angehörigen vollständig ausblendet?

Anstatt Tätern ein sorgenfreies Leben auf Kosten der Erben ihrer Opfer zu ermöglichen, sollte das Augenmerk vielmehr darauf gerichtet werden, den Hinterbliebenen Genugtuung zu verschaffen. Sie sind daher in die Entscheidung über die Strafbemessung (nicht in die Urteilsfindung) einzubinden. Das Urteil muss nicht unbedingt auf die Hinrichtung des Täters hinauslaufen, falls sich die Erben des Mordopfers anders entscheiden sollten. Schließlich ist nicht jeder Täter mittellos. Die Bezahlung eines „Blutgeldes" („Wergeld") – also eine materielle Ersatzleistung an den oder die Opferangehörigen, wie sie in einigen germanischen Kulturen des Mittelalters üblich war – stellt eine außerordentlich sinnvolle Variante der Wiedergutmachung dar. Technische Fragen im Falle konkurrierender Vorstellungen mehrerer Rechtsnachfolger bedürfen einer gesonderten Klärung.

Zur Vermeidung nicht wieder gutzumachender Justizirrtümer sind nur solche Täter zu exekutieren, deren Schuld zweifelsfrei feststeht – wie zum Beispiel im Falle von Timothy McVeigh in den USA (der die Todesstrafe selbst forderte und auch tatsächlich hingerichtet wurde) oder Anders Breivik in Norwegen.

Dass sich die Elite unserer vermeintlich hochstehenden Zivilisation unentwegt den Kopf darüber zerbricht, mit welcher Art von Glacéhandschuhen übelste Gewalttäter angefasst werden sollen, während man deren Opfer keines Gedankens würdigt, ist kein Ausweis einer hochstehenden Kultur, sondern vielmehr ein Symptom höchster Dekadenz. Angemessene Vergeltung - „Tit for Tat" - ist eine der Spieletheorie entstammende, sehr erfolgreiche Strategie. Warum sollte sie nicht auch im Strafrecht Anwendung finden?

Dieser Text erschien erstmalig im Magazin „eigentümlich frei"
11/2016

11. Vom Elend politischer Anmaßung am Beispiel des Euro

Im Jahre 1998 veröffentlichten 155 namhafte Wirtschaftswissenschaftler in der „FAZ" einen Aufruf mit dem Titel: „Der Euro kommt zu früh!". Das für ihre politischen Ziele unabdingbare Lieblingsprojekt der politischen Eliten wurde dennoch – ohne Rücksicht auf Verluste, wie wir seither erleben – ins Werk gesetzt. Von Anbeginn an ging es nicht ums Geld, nicht um die grundsätzlich sinnvolle Idee einer gemeinsamen Währung. Der Euro war niemals ein monetäres, sondern stets ein lupenrein politisches Projekt, das der Schaffung eines neuen Imperiums nach US-Vorbild, namens „Vereinigte Staaten von Europa", Vorschub leisten sollte. Den politischen Eliten war nämlich klar, dass ein derartiges Projekt, dieser größenwahnsinnige Plan, auf direktem Wege – also nach entsprechenden Referenden – unmöglich zu realisieren gewesen wäre. Niemals würden die so grundverschiedenen Völker der Alten Welt der Aufgabe ihrer Eigenarten, der Beseitigung ihrer Selbstbestimmungsrechte und ihrer Fernsteuerung durch Brüssel freiwillig ihre Zustimmung erteilt haben.

Europas Stärke lag stets in seiner Buntheit und Vielfalt. Es drückte der Welt nicht als zentral verwalteter Monolith seinen Stempel auf, sondern als Sammelsurium miteinander konkurrierender Völker und Ideen. Den Bürgern Europas war und ist auch heute noch bewusst, dass die Stärke ihres Kontinents in der Vielfalt und nicht in der Einfalt - in einer von Zentralbürokraten erzwungenen Nivellierung - liegt. Europa hat am Beginn der Neuzeit den Wettbewerb mit der zu dieser Zeit technologisch noch überlegenen Großmacht China gewonnen, weil die Vielfalt seiner Völker so ungemein befruchtend wirkte. Weil die Nomenklatura sich dessen bewusst war, spannte sie listig den Ochsen hinter den Karren und führten zunächst die Gemeinschaftswährung ein – in der nicht unberechtigten Erwartung, dass diese ohne eine – seit Einführung des Esperantogeldes in Umsetzung befindliche - Gleichschaltung der Provinzen des neuen Reiches keinen Bestand haben könnte.

Die Einführung des Euro wurde und wird – kontrafaktisch - zu einer Frage von Krieg und Frieden hochstilisiert. Helmut Kohl meinte etwa: „Der Euro ist ein Friedensprojekt". Von höchsten Vertretern der Union wurden wiederholt Verschwörungstheorien lanciert, wonach wir es mit „Angriffen" finsterer Mächte (der den Politikern die Gefolgschaft verweigernden perfiden Märkte nämlich) auf das heilige Brüsseler Reich zu tun hätten. „Ohne Gemeinschaftswährung hat Europa keine Zukunft", so oder so ähnlich tönt es wieder und wieder aus den EU- und Staatskanzleien. Und so trommeln es auch die regierungshörigen Medien von Finnland bis Malta. Alle nicht in das angeblich alternativlose Konzept eines zentralistisch geführten Imperiums passenden Fakten werden verharmlost oder totgeschwiegen.

Friedensprojekt Euro? Dass Deutschland und Frankreich nach dem Zweiten Weltkrieg miteinander Frieden schlossen und auch hielten – und zwar ohne gemeinschaftliche Währung – wurde darauf vergessen? Wie der französische Liberale Frédéric Bastiat bereits vor rund 200 Jahren meinte, bildet allein der Freihandel und der daraus resultierende Wohlstand eine tragfähige Grundlage für den Frieden zwischen den Völkern: „Wenn Güter die Grenzen nicht passieren, werden es Armeen tun!" Wozu es dafür keinesfalls bedarf, ist ein politisch zwangsverordnetes Geld, das von Regierungen und Notenbanken nach Belieben und politischer Opportunität manipuliert werden kann.

Es liegt vielmehr auf der Hand, dass ein barrierefreier Wirtschaftsraum und ein von anmaßenden Geldalchemisten oktroyiertes Zwangsgemeinschaftsgeld nicht zusammenpassen! Wie sollte denn auch ein planwirtschaftlich organisiertes Geldwesen mit den Zielen einer liberalen Wirtschafts- und Gesellschaftsordnung in Einklang zu bringen sein? Derlei Überlegungen werden ausgeblendet. Stattdessen wird der Euro geradezu zur Religionsfrage erhoben. Von den Politbüros der Eurozone wird - entgegen der historischen Evidenz - so getan, als ob ein gemeinsamer Wirtschaftsraum nicht ohne einheitliche Währung zu verwirklichen wäre. Aber schon vor dem Ersten Weltkrieg funktionierte der weltweite Freihandel prächtig – und von Währungshegemonie oder –Einheit war so dieser Zeit noch keine Rede.

Dass eine europäische Freihandelszone bereits vor mehr als 100 Jahren - in der Zeit vor 1914 – längst existierte, und zwar ohne Gemeinschaftswährung (die allerdings durch die damals allseits gegebene Goldbindung der verschiedenen Währungen faktisch bestand), scheinen heute nur noch wenige zu wissen. Und die Politnomenklatura hat größtes Interesse daran, diese Tatsache auch gar nicht erst zu thematisieren, um die Fadenscheinigkeit ihrer Argumente für ihr schwindsüchtiges Esperantogeld Euro nicht offenbar werden zu lassen. Wer sich mit der Problematik der europäischen Gemeinschaftswährung eingehend auseinandersetzen möchte, dem sei das Buch „Die Tragödie des Euro" aus der Feder des Ökonomen Philipp Bagus empfohlen. Der Autor beschreibt darin den Weg von der Vorbereitung des Währungscoups bis zu dessen Konsequenzen – der schwersten Krise, in welche die EU seit ihrer Gründung geraten ist, und deren Ausgang heute nicht absehbar ist.

Angesichts der offensichtlichen Fehlkonstruktion des Euro, der seit Jahren im Monatsrhythmus „gerettet" werden muss (etwas Vergleichbares hat es in der Geschichte der Währungen Europas bisher noch nicht gegeben), mutet es geradezu skurril an, wenn einer der beamteten Vertreter des staatlich verordneten Geldsozialismus ein alternatives Währungskonzept angreift. Der Gouverneur der Österreichischen Nationalbank, Ewald Nowotny, hielt es kürzlich für angebracht, massive Kritik an der Kryptowährung „Bitcoin" zu äußern. Ohne hier auf die Vor- und Nachteile dieses rein virtuellen Zahlungsmittels eingehen zu wollen, ist doch das von Nowotny ins Treffen geführte Argument bemerkenswert: Er warnte in diesem Zusammenhang nämlich ausdrücklich vor der Gefahr von „Blasenbildungen". Als ob der Euro, der ja nach dem unermesslichen Ratschluss von EZB-Chef Mario Draghi seit Jahr und Tag in aberwitzigen Mengen produziert wird, dieses Problem nicht hätte. Als ob dadurch nicht der Erwerb von Immobilien in Europa, für Normalverdiener zunehmend unerreichbar würde. Eine „Blase" bei Bitcoin zu beschwören, klingt daher verdächtig nach: „Haltet den Dieb!"

Fazit: Schulden durch neue Schulden zu finanzieren, ist ein Konzept mit Ablaufdatum. Eine Währung dadurch retten zu wollen, dass man immer mehr davon in Umlauf bringt, ebenfalls. Die Tage des Euro sind gezählt, wie namhafte US-Ökonomen schon vor vielen Jahren feststellten – und zwar ausgerechnet solche, die den Herren Draghi und Nowotny (geld-)politisch nahestehen...

Dieser Text erschien erstmalig in „Frank & Frei – Magazin für Politik, Wirtschaft und Lebensstil" 02/2017

12. V wie Vendetta – Es lebe die Anarchie!

Im hier besprochenen Film geht es um den Freiheitskampf und einen persönlichen Rachefeldzug (italienisch vendetta) eines einzelnen Helden gegen einen autoritären Staat, der sich im London der 2030er-Jahre zuträgt. Der „V" genannte Protagonist bereitet einen gesellschaftlichen und politischen Umsturz vor. Die Verfilmung des gleichnamigen Comics spielt im dystopischen London der 2030er-Jahre und greift die Verschwörung unter Führung von Guy Fawkes zu Anfang des 17.Jahrhunderts auf. Die Auflehnung eines Einzelnen gegen ein totalitäres Regime zieht am Ende schließlich den Aufstand des Volkes gegen die Diktatur nach sich. Ein noch heute rezitiertes Gedicht aus der Zeit nach dem gescheiterten Anschlag katholischer Verschwörer fasst die Ereignisse des fünften November 1605 zusammen:

> *Remember, remember the fifth of November,*
> *gunpowder, treason and plot,*
> *I know of no reason why gunpowder treason*
> *should ever be forgot.*
> *Guy Fawkes, Guy Fawkes,*
> *'twas his intent*
> *to blow up the King and the Parliament.*
> *Three score barrels of powder below,*
> *Poor old England to overthrow:*
> *By God's providence he was catch'd*

With a dark lantern and burning match.
Holloa boys, holloa boys, make the bells ring.
Holloa boys, holloa boys, God save the King!
Hip hip hoorah!

Noch heute wird in Großbritannien an jedem fünften November, in der sogenannten „Bonfire Night", jenes Ereignisses im Jahre 1605 gedacht, das Grundlage und Ausgangspunkt des vorliegenden Filmdramas bildet. Die Rahmenhandlung des Films bildet nämlich der in jenem Jahr im letzten Moment vereitelte Sprengstoffanschlag („Gun powder plot") katholischer Verschwörer unter Führung von Guy Fawkes auf das Londoner Parlamentsgebäude. Mittels einer gewaltigen, in den Tagen zuvor in die Keller des Hauses verbrachten Schwarzpulversprengladung sollte der protestantische König Jakob I sowie das an diesem Tage hier versammelte Ober- und Unterhaus auf einen Schlag ausgelöscht werden. Im Falle seines Gelingens hätte der Coup das Land mit Sicherheit schwer erschüttert und in eine veritable Staatskrise gestürzt. Zur Feier des Umstands, dass dem Anschlag auf die politische Elite – aufgrund eines Verrats aus den Reihen der Verschwörer – für diese mit einem Fiasko endete, werden bis heute landesweit Freudenfeuer abgebrannt. Es ist eine zweifellos beachtliche Leistung der Obertanen, sich Liebe und Bewunderung der Beherrschten bis in unsere Tage herauf bewahrt zu haben. Die eigentliche Handlung des Films spielt rund 400 Jahre später, in einem totalitär regierten England der 2030er-Jahre. Ein stets und ausschließlich maskiert auftretender Anarchist, der von der erzreaktionär-bigotten Regierung, die unter zum Teil überdeutlichen Anspielungen auf die damals im Amt befindliche US-Administration unter George W. Bush gezeichnet ist, wird als Terrorist gejagt, nachdem er das altehrwürdige Londoner Strafgerichtsgebäude, „Old Bailey", gesprengt und das Regime von seiner Urheberschaft für diesen Coup überzeugt hat.

Die dem Regime dienenden, als „Fingermänner" bezeichneten Schergen der Geheimen Staatspolizei gehen mit äußerster Brutalität gegen selbst kleine Regelübertretungen, wie etwa einen Verstoß gegen das „zur Sicherheit der Bevölkerung" verhängte nächtliche Ausgehverbot, vor. Die beiden Helden des Films lernen einander kennen, als sie während der Ausgangssperre (Evey ist aufgrund eines Versehens zu spät noch unterwegs) eine bedrohliche Begegnung mit „Fingermännern" hat. Sie wird von dem ihr zunächst einigermaßen unheimlich erscheinenden Helden des Films vor deren Nachstellungen gerettet. Die Schergen des Regimes machen unverhofft mit den beindruckenden Kampfkünsten des unerschrockenen Mannes Bekanntschaft und überleben dessen Attacke nicht. Dieser Mann, der sich seiner in der Folge zunächst unfreiwilligen Mitstreiterin Evey als „V" vorstellt, bereitet die Verwirklichung des einst von Guy Fawkes erdachten Plans vor, das Parlamentsgebäude in die Luft zu jagen. Die eigentliche Ausführung der Tat liegt zu guter Letzt allerdings in den Händen der zarten Evey.

Der „Terrorist" V, die Reinkarnation des „einzigen Menschen, der das Parlament je in ehrbarer Absicht betrat", sorgt im spektakulären Finale des Steifens für einen überaus gelungenen, pyrotechnischen Höhepunkt. Nie zuvor wurde Big Ben auf spektakulärere Weise in seine Bestandteile zerlegt. Unter der Regie von James McTeigue, nach dem Buch von Andy und Larry Wachowski („Matrix") - basierend auf einer Comic-Vorlage von Alan Moore - entstand einer der sowohl interessantesten als auch widersprüchlichsten Polit-Filmdramen der letzten Jahre.

Mit Natalie Portman als Partnerin des von Hugo Weaving gespielten, stets maskiert auftretenden Helden ist die Rolle der zunächst harmlosen weiblichen Hauptfigur des Films perfekt besetzt. Zierlich und zerbrechlich wirkend, aber durch Ereignisse in ihrer Kindheit mental abgehärtet (sie muss zusehen, wie die brutalen Büttel des Regimes ihre Eltern verschleppen, die sie danach nie mehr wiedersieht), wird sie am Ende zur entschlossenen Vollstreckerin des Plans von V. Dass die Film-DVD in einschlägigen Fachgeschäften unter „Action" und nicht etwa unter „Drama" oder „Politthriller" zu finden ist, verdankt sich wohl der Tatsache, dass die enthaltenen Kampfszenen („V" zeigt darin seine geradezu atemberaubende Virtuosität im Umgang mit Blankwaffen) und auch die beiden bereits genannten, gelungenen pyrotechnischen Einlagen eine Einordnung in dieses Genre erlauben.

Die Rezeption in der Fachpresse ist durchwachsen: So urteilt etwa die Berliner Zeitung: „Die Wachowski-Brüder und ihr Regisseur James McTeigue haben aus dem Comic eine wunderbar düsterbunte Anarcho-Fantasie gemacht [...]. Auch wenn über Orwelliaden wie diese die Zeit hinweggegangen ist: in seiner Detailtreue und dialektischen Klugheit ist V WIE VENDETTA die beste Comic-Verfilmung seit langem."

„Cinema" schreibt, dass V wie Vendetta eine „werkgetreue Verfilmung von Alan Moores Kultcomic wäre, die gelegentliche Geschwätzigkeit durch Stilsicherheit und Radikalität kompensiert". Das Lexikon des internationalen Films meint, V wie Vendetta sei eine „optisch wie inszenatorisch effektsichere Verfilmung eines populären Comic Strips, die in der Rechtfertigung des terroristischen Befreiungskampfs freilich nicht gerade subtile Töne anschlägt". „Filmstarts" urteilt: „Aus einem mittelmäßigen Drehbuch machen alle Beteiligten (und zu denen gehört immerhin ein Teil der britischen Schauspielerelite, die sich für Nebenrollen hier nicht zu schade ist) noch das Beste. Ein echter Blockbuster wird „V wie Vendetta" vielleicht nicht werden, aber als Comicverfilmung macht der Streifen eine solide Figur."

Die libertäre Szene in den USA zeigt sich entzückt über die vermeintlich anarchische Botschaft des Films: Jede Form der Macht von Menschen über Menschen ist von Übel, so diese Interpretation der Handlung. Der Held triumphiert – wenn auch erst postum – über die Gewaltherrschaft. *So* kann man es durchaus sehen. Allerdings lässt sich der in schauspielerischer und technischer Hinsicht perfekt gemachte Film, in dem selbst Nebenrollen hochkarätig besetzt sind, auch durchaus anders ausdeuten.

Der mit geradezu übermenschlichen Fähigkeiten im Umgang mit Blankwaffen ausgestattete Held war einst selbst ein Opfer skrupelloser Machenschaften einer Regierungsbehörde. Offensichtlich wurde er – auf Anweisung der Regierung - von eiskalt und mitleidlos agierenden Wissenschaftlern, zusammen mit einer größeren Anzahl von Leidensgenossen, als menschliche Laborratte zur Entwicklung eines Medikaments missbraucht. Der Vergleich mit einschlägigen Vorkommnissen unter der Fuchtel der deutschen Nationalsozialisten oder der japanischen Imperialisten in den 1930er- und 1940er-Jahren drängt sich geradezu zwingend auf.

Anders als seine Schicksalsgenossen überlebt „V" jedoch, wenn auch für sein restliches Leben schwer gezeichnet, die Tortur. Nun, in Freiheit schreckt er bei der Verfolgung seines Rachefeldzuges vor absolut nichts zurück; nicht einmal davor, ein anderes Opfer des Regimes, ja sogar einen von ihm geliebten Menschen, nämlich Evey, bis an den Rand der totalen Persönlichkeitszerstörung psychisch zu foltern. Das hat mit dem fundamentalen libertären Anspruch auf Nichtaggression rein gar nichts zu tun, sondern entspricht lediglich der pragmatischen Einschätzung des männlichen Protagonisten. Diese lautet offensichtlich: Der Zweck heiligt alle Mittel. Evey muss daher leiden, um, so die Überzeugung ihres wohlmeinenden Peinigers (der in dieser Filmsequenz agiert wie ein unerbittlicher

Inquisitor zur Zeit des Hochmittelalters), zum Licht der Freiheit zu finden.

Dass es durchaus im Bereich des Möglichen liegt, dass die gepeinigte Frau ihrer Qual durch Suizid ein Ende bereitet, nimmt V dabei billigend in Kauf. Besser, die Regierung fürchtet das Volk, als das Volk die Regierung, äußert er einmal völlig zu Recht! Wer oder was aber ist „das Volk"? Die reine, willenlose, völlig unschuldige Masse, betrogen durch gleichgeschaltete Medien, verängstigt und verführt durch ein Regime, das Katastrophen inszeniert, um sich prompt als einzigen Retter zu präsentieren? „Das Volk" ist - als Summe aller Bürger - für gar nichts verantwortlich? Es braucht also nur den Sturz des bösen Diktators und alles wird gut? Wohl kaum! Denn da auch der brutalste Diktator auf ein gewisses Minimum an Zustimmung der Beherrschten angewiesen ist – irgendjemand muss ja schließlich für die Durchsetzung seiner Politik sorgen, und das geht auf Dauer nicht gegen den Widerstand einer überwiegenden Mehrheit - greift diese Auslegung eindeutig zu kurz. Noch jedes Terrorregime der Geschichte hatte auch reichlich Zuckerbrot im Gepäck – nicht nur die Peitsche. Die meisten Diktatoren waren und/oder sind eben keine stupiden Hohlköpfe, die nicht um die Begrenztheit ihrer Möglichkeiten wissen. Und sie haben gewöhnlich die Lehren Machiavellis aufmerksam studiert und ihre Schlüsse draus gezogen.

Wahr ist: Erst die Lösung des Individuums von seinen Ängsten und Abhängigkeiten macht dieses frei und die politische Führung machtlos. Erkenne dich also selbst – und vor allem: Wage es, deinen Verstand zu gebrauchen! Denn wer etwas weiß, muss (den Mächtigen) nicht mehr alles glauben. Auch das wäre eine mögliche Lesart – möglicherweise sogar diejenige, die der Regisseur im Sinn hatte. „Der Starke ist am mächtigsten allein", lässt Schiller seinen Tell ausrufen. Er würde durch ein Kollektiv nur behindert. Seine Freiheit nimmt er sich – kraft seiner überlegenen Qualität. Es liegt an ihm, auch den Schwachen ihre Freiheit zu lassen - oder auch nicht. Die wollen sie ja meist auch nicht, können damit nicht umgehen oder fürchten sie gar. Ihre – wieder im „Tell", diesmal von dessen Mitstreiter Stauffacher verkündete Losung – lautet: „Verbunden werden auch die Schwachen mächtig."

Das Finale des Films vermittelt – neben dem ästhetischen Genuss einer spektakulären Zerstörung eines Machtsymbols – exakt die Botschaft Stauffachers: Das Volk - die schiere Masse - erlangt die Macht durch geschlossenes Handeln. Jetzt treten plötzlich Hunderte, ja Tausende mit identischen Masken ausgestattete Bürger den schwer bewaffneten Schergen des Regimes offen und offenbar furchtlos entgegen. Das Militär zögert, auf die Unbewaffneten das Feuer zu eröffnen und weicht schließlich kampflos zurück. Die höhere Moral siegt – wie erhebend. Ein Happyend vom Feinsten. Der „Aufstand der Massen" (José Ortega y Gasset) führt zum Erfolg.

Fazit: Nur vereint sind wir stark. Wir sind das Volk, wir alle sind eins. Solidarisch unter der gleichen Maske wie der bereits verewigte Held, die endgültige Inkarnation des Guten. Auch diese Quintessenz bietet sich an, ja sie drängt sich geradezu auf. So findet zum guten Schluss der überzeugte Kollektivist ebenso wie der radikale Individualist sein jeweils eigenes Credo im Film verkündet – wenn auch in unterschiedlichen Passagen des Streifens. Das ist keine geringe Leistung der Regie – zumindest in kommerzieller Hinsicht.

Immerhin – und das ist für Libertäre zweifellos trostreich - verliert die regierende Machtelite und deren perfide Spitzenrepräsentanten am Ende nicht nur ihre Pfründe, sondern sogar auch ihr Leben. Den Tod des Tyrannen gilt es zu feiern, nicht zu betrauern! Es hätte also schlimmer kommen können. Der faschistische Großkanzler Sutler fällt ironischerweise von der Hand des ebenso skrupellosen wie ambitiösen Polizeichefs Creedy. Berija erledigt Stalin - welch ein Fest! Wenn der eiskalte Chef der staatlichen Mordbrigaden nach einem atemberaubenden Showdown schließlich von V liquidiert wird, ertappt sich wohl der eine oder andere Durchschnittszuseher dabei, darob klammheimlich Freude und Genugtuung zu empfinden. Sind ja schließlich Faschisten in einem Unrechtsregime.

Dass sich demokratische Machthaber unserer Tage der exakt gleichen Techniken und Werkzeuge zur Behauptung ihrer Macht bedienen wie der finstere Diktator aus dem Film (Videoüberwachung, Telephonbespitzelung, Lauschangriffe und allerlei andere Unappetitlichkeiten) fällt dem gestandenen Demokraten erst gar nicht auf. Diktatoren haben – diese Gewissheit wird uns vom Kindergarten an tagtäglich zuverlässig suggeriert – ein Monopol auf Niedertracht und Bosheit. Demokratisch gewählte Machthaber dagegen sind stets unschuldig, rein wie Neugeborene und wollen immer nur unser Bestes.

Wer dramatische Filmhandlungen mit etwas politischem Tiefgang liebt und wer Sinn für (wenige) genüsslich zelebrierte Gewaltszenen hat (nie zuvor spritzte röteres Blut aus aufgeschlitzteren Hälsen!), sollte den Film nicht versäumen, auch wegen der wunderbaren, manierierten Sprache des maskierten Helden, am besten in der englischsprachigen Originalversion. Die Bezeichnung „Actionfilm" wird dem Streifen nicht wirklich gerecht. Gewalt ist hier kein Selbstzweck, und auf rasenden Filmschnitt und atemberaubende Verfolgungsjagden wird gottlob verzichtet. Gehobene Unterhaltung mit ernstem Hintergrund – das wäre ein dem Streifen wohl angemessenes Urteil. Ein Jammer, dass der Durchschnittsbetrachter – lebenslanger Gehirnwäsche sei Dank - niemals auf die Idee kommen wird, seinen eigenen Regierungschef auch nur entfernt mit Großkanzler

Sutler und dessen Handlanger und Geheimdienstkapo Creedy mit den real existierenden Staatsschergen der Gegenwart zu identifizieren.

Diese Filmkritik erschien erstmals im von Michael von Prollius herausgegebenen Sammelband „The Standards II – Filme aus der Freiheitsperspektive betrachtet".

Schlusswort
Noch ist Polen nicht verloren!

Sollte bei der Lektüre dieses Buches der Eindruck entstanden sein, der Autor halte den bevorstehenden Untergang des Abendlandes für unausweichlich, so ist an dieser Stelle eine Korrektur angebracht. Einen weiteren Beitrag zur „Doom-Porn"-Welle zu liefern, die eine in den letzten Jahren zu beobachtende Reaktion auf die erratische Politik der europäischen Politeliten darstellt, war nicht beabsichtigt. Geschichte verläuft, in der Einleitung wurde diese Tatsache bereits angemerkt, nicht linear. Keiner weiß, wohin der aktuelle Kurs die Alte Welt tatsächlich führen wird. Da menschliches Handeln spontan erfolgt und aufgrund sehr unterschiedlicher Einschätzungen der künftigen Entwicklungen ganz anders als erwartet ausfallen kann, ist eine seriöse Prognose schlicht unmöglich. Aus der Rückschau, vom hohen Ross des neunmalklugen Spätgeborenen aus betrachtet, scheint stets alles klar gewesen zu sein. Daher wundert sich manch einer über die zum Teil katastrophalen Fehler, die in der Vergangenheit begangen wurden – und zwar nicht nur von den politischen Führern. Doch ex ante stellt sich doch alles ganz anders dar. Prognosen sind bekanntlich schwierig – besonders, wenn…Sie kennen den alten Kalauer!

Unbestreitbar ist, dass zumindest der westliche Teil Europas mit einer Fülle von gleichzeitig auftretenden Problemen konfrontiert ist, die, wie der Geburtenmangel, die laufenden Staatsschuldenexzesse zwecks Wählerstimmenkaufs, oder die immer kritischer werdende

Frage der Finanzierung des künftigen Sozialaufwands, mehrheitlich hausgemacht sind. Dazu kommen kaum oder überhaupt nicht zu beeinflussende Phänomene wie der Klimawandel, Kriegsgefahren in Übersee oder die zu einem stetig wachsenden Migrationsdruck führende Bevölkerungsexplosion auf dem schwarzen Kontinent. Jede einzelne der selbstverschuldeten oder auch von außen dräuenden Bedrohungen unserer Gesellschaft verfügt über eine beachtliche Sprengkraft. Darüber hinaus besteht die Gefahr, dass mehrere zur selben Zeit zusammentreffende Krisen eine Art „kritische Masse" überschreiten könnten, die eine unabsehbare Dynamik von Folgeentwicklungen anstößt, die es nicht mehr zulässt, bremsend oder steuernd einzugreifen.

Da es keinen Sinn hat, wegen schwankender Sonnenaktivitäten oder allenfalls einfliegender Riesenkometen in Verzweiflung zu verfallen, sollten die Euroland zur Verfügung stehenden Kräfte und Ressourcen auf jene Problemfelder konzentriert werden, auf die es tatsächlich Einfluss hat und auf denen steuernde Maßnahmen sinnvoll sind. Der unzweifelhaft stattfindende Klimawandel gehört typischerweise nicht dazu. Wenn also Politiker und Beamte, die nicht einmal eine simple Verwaltungsreform auf die Beine zu stellen oder die Landesgrenzen zu sichern imstande sind, behaupten, das Weltklima für die nächsten 100 Jahre „retten" zu können, dann richtet sich diese freche Anmaßung von selbst.

Sogar einer der Säulenheiligen der zeitgeistigen Klimareligion, Dennis Meadows („The Limits to Growth"), hat sich mittlerweile zu der Erkenntnis durchgerungen, dass es „für eine Umkehr zu spät ist und wir uns daher darauf konzentrieren sollten, mit den Folgen der laufenden und noch auf uns zukommenden Veränderungen fertigzuwerden". Hunderte Milliarden an Steuermitteln in sinnlose, Europa als Industriestandort gefährdende, extrem kostspielige CO_2-

Vermeidungsstratgien zu „investieren", ist daher in autodestruktiver Weise unsinnig.

Ebenso hat Euroland, wegen eigener Unterlassungssünden im Hinblick auf die militärische Verteidigung, keinerlei nennenswerten Einfluss auf Krisen oder kriegerische Abenteuer, die sich am anderen Ende der Welt abspielen. Die Mitglieder des Politbüros der EU können sich angesichts der Bocksprünge überseeischer Politdesperados vom Schlage eines Kim Jong-un oder eines Nicolás Maduro zwar nächtelang schlaflos in ihren Betten wälzen, brauchen sich aber nicht der Illusion hinzugeben, auch nur einen Funken von Einfluss auf deren Denken und Handeln nehmen zu können. Ebenso wenig übrigens wie auf die hausgemachten Probleme Afrikas, die im Wesentlichen aus einem vollständigen Mangel an Rechtssicherheit resultieren, der jeden gesellschaftlichen oder wirtschaftlichen Fortschritt im Keim erstickt.

Die außenpolitische und militärische Impotenz des europiden Möchtegernimperiums verbietet, vermutlich sogar zu unserem Glück, jede schlagkräftige Initiative. Für die USA, die über stattliche elf Trägerflotten verfügen, gilt das natürlich nicht. Die Weltpolizeizentrale befindet sich, ob es den EU-Kommissaren gefallen mag oder nicht, im US-Pentagon, nicht in der Brüsseler Berlaymont-Tintenburg und nicht im Straßburger EU-Parlament. Da es in Euroland aber ohnehin mehr als genügend Baustellen gibt, auf denen in den letzten Jahren und Jahrzehnten kaum jemand anzutreffen war – zumindest keiner, der dort Arbeit geleistet hätte, die jemand anderem nutzt als kleinen Klüngeln von Politikern, Bürokraten und deren unmittelbarer Klientel, bedeutet das nicht, untätig sein zu müssen.

Die mit Abstand sinnvollste aller möglichen Aktivitäten, die unsere Obertanen setzen könnten, bestünde darin, ihre Betriebsamkeit drastisch zu reduzieren oder am besten ganz einzustellen. An obrigkeitlichen Regulierungen bis hin zu Bestimmungen hinsichtlich der Brauntönung von Schnitzelpanade und Fritten besteht nicht der geringste Bedarf. Kein Wirtschaftstreibender müsste seinen Betrieb einstellen, falls das Wirtschaftskommissariat unverhofft abbrennen sollte. Zentralbürokraten kennen nur einen Nutznießer: sich selbst. Die Bürger wissen nämlich selbst am besten, was für sie gut ist und was nicht. Es ist daher hoch an der Zeit, sie wieder in ihre alten Rechte einzusetzen und sowohl über die kleinen wie auch die großen Dinge ihres Lebens, zum Beispiel Altersvorsorge, Krankenversicherung, Bildung/Ausbildung, Einkaufsgewohnheiten, Wohnraumbeschaffung, Genussmittelkonsum etc., selbst respektive im Zuge des Abschlusses privater Verträge, bestimmen zu lassen. Rahim Taghizadegan hat in seiner „Anthropologie des Wohlfahrtsstaates" darauf hingewiesen, dass sich dessen behauptete Schutzfunktion für die angeblich Unterprivilegierten mit schöner Regelmäßigkeit als Chancenkiller und Bremsklotz ausgerechnet für seine unfreiwilligen Klienten erweist.

Kurzum: Um die Alte Welt vor dem Kollaps zu bewahren, bedarf es eines radikalen Rückbaus des hypertrophierten Staates und sämtlicher supranationalen Institutionen. „Subsidiarität" lautet das heilsame Zauberwort, das im Sprachschatz der Zentralplaner niemals vorkommt. Nur was keinesfalls auf der Ebene der jeweils kleinsten Einheit (also z. B. in der Familie) gestemmt werden kann, soll Aktivitäten der nächstgrößeren Entität auslösen. Politbüro und Zentralbürokraten dagegen wollen immer am ganz großen Rad drehen. Unterhalb von 512 Millionen Menschen, die unter das Joch ihrer Diktate gezwungen werden, tun sie's nicht. Die „Flüchtlingswelle" und die daraufhin von der Brüsseler Zentralnomenklatura erlassenen Anordnungen zur „fairen Verteilung von Flüchtlingen auf die Mitgliedsstaaten" (ein an Zynismus nicht zu überbietendes Bravourstück abgehobener Apparatschiks) ist ein Paradebeispiel dafür. Allerdings könnte sich gerade dieses Problem noch als hochbrisanter Sprengsatz herausstellen, da die ehemaligen Ostblockstaaten, allen voran Polen und Ungarn, darüber alles andere als entzückt sind und sich dem Zwang nicht beugen wollen. Ob damit, nach der den Bürgern aufgezwungenen Esperantowährung Euro, ein weiterer Keim zum Zerfall der Union gelegt ist?

Bürger, die jedes eigenständigen Denkens und jeder Verantwortung entwöhnt und stattdessen darauf konditioniert sind, wie Automaten den Anordnungen ihrer Führer blind zu folgen, sind nicht imstande, mit den immer vielfältiger werdenden Herausforderungen der Gegenwart und Zukunft fertigzuwerden. Und dass die sich aus einer negativen Personalselektion rekrutierenden Regierungen das nicht schaffen, ist längst erwiesen. Menschen, denen jedes Selbstvertrauen und jeder Selbstbehauptungswillen systematisch abtrainiert wurde, können sich selbst geistig unterlegener, dafür aber umso gewaltbereiterer Feinde nicht erwehren. Es ist fünf vor zwölf – Zeit aufzuwachen! Gerade freisinnige Geister werden niemals die Hoffnung aufgeben, dass sich – einen kühlen Kopf und ein für die Freiheit brennendes Herz vorausgesetzt – jede Krise meistern lässt. Und sei es nur dank der normativen Kraft des Faktischen: Wer keine Möglichkeiten hat, sich zu verschulden, wird sparsam leben müssen. Auf der Ebene des hoffnungslos überschuldeten Staates bedeutet das, falls sich keine Kreditgeber mehr finden (wie anfangs der 1990er Jahre in Schweden geschehen), zwangsläufig eine radikale Ausgabensenkung und, damit verbunden, eine massive Personalreduktion. Vormals unproduktive Bürokraten können dann wieder in der produktiv tätigen Privatwirtschaft eingesetzt werden. Das dient nicht nur der Schaffung materiellen Wohlstands! Denn wer auf produktive Art seinen Lebensunterhalt verdient, denkt und handelt grundsätzlich anders, nämlich wesentlich verantwortungsbewusster als von Transferzahlungen lebende Staatsgünstlinge.

Im Sinne der – viel zu wenigen – Jungen ist es geboten, den in Jahrzehnten eines galoppierenden wohlfahrtsstaatlichen Sozialismus eingeschlagenen Kurs zur Transformation aller Bürger in Anspruchsberechtigte ohne Pflichten und Verantwortung umzukehren. Das ist kein Ding der Unmöglichkeit, so schwierig das auf uns allen lastende Diktat des Status quo auch zu überwinden sein mag. Besonders für Liberale und Libertäre gilt bekanntlich: Die Hoffnung stirbt zuletzt!

Die Autoren

Rahim Taghizadegan ist Gründer und Rektor der privaten Bildungseinrichtung Scholarium in Wien. Er ist Ökonom, Philosoph, Naturwissenschaftler und Bestsellerautor. Als interdisziplinärer Querdenker widmet er sich der Aufdeckung moderner Illusionen, der Freilegung verlorenen Wissens und der Verknüpfung der zahllosen aufgetrennten Fäden heutigen Denkens.

Andreas Tögel ist, nach langjähriger Tätigkeit im Management internationaler Unternehmen, seit dem Jahr 2000 geschäftsführender Gesellschafter eines von ihm gegründeten Betriebes im Bereich der Medizintechnik. Er steht auf dem Boden der „Österreichischen Schule der Ökonomik" und schreibt seit 1999 Beiträge für eine konservative österreichische Wochenzeitung, sowie für einige Internetplattformen wie „Eigentümlich Frei", das deutsche Mises-Institut, Andreas Unterbergers Tagebuch und Christian Ortners „Zentralorgan des Neoliberalismus".

Verwendete und weiterführende Literatur

Edward Abbey: A Voice crying in the Wilderness, 1990

Augustinus von Hippo: De civitate Dei („Vom Gottesstaat"), 413-426

Roland Baader: Geldsozialismus, 2010

Philipp Bagus: „Die Tragödie des Euro: Ein System zerstört sich selbst", 2011

Gustave Le Bon: Psychologie der Massen, 1895

Elias Canetti: Masse und Macht, 1960

Martin van Creveld: Wir Weicheier: Warum wir uns nicht mehr wehren können und was dagegen zu tun ist, 2017

Steven Farron: The Affirmative Action Hoax, 2010

Ortega y Gasset: Der Aufstand der Massen, 1929

Paul Gottfried: Multikulturalismus und die Politik der Schuld, 2005

Klaus J. Groth: Die Diktatur der Guten: Political Correctness, 1996

Gerd Habermann: Der Wohlfahrtsstaat, 1997

Friedrich August von Hayek: Die Verfassung der Freiheit, 1960

Gunnar Heinsohn: Söhne und Weltmacht: Terror im Aufstieg und Fall der Nationen, 2006

Homer: Ilias

Hans-Hermann Hoppe: Demokratie, der Gott der keiner ist, 2003

Hans-Herman Hoppe: Der Wettbewerb der Gauner: Über das Unwesen der Demokratie und den Ausweg in die Privatrechtsgesellschaft, 2012

Friedrich Hölderlin: Gesammelte Werke, 2008

Bertrand de Jouvenel: On Power, its History and its Nature of Growth, 1949

Birgit Kelle: Gender Gaga, wie eine absurde Ideologie unseren Alltag erobern will, 2015

Erik von Kühnelt-Leddihn: Die rechtgestellten Weichen, Irrwege. Abwege, Auswege, 1989

Niccolò Machiavelli: Il Principe, 1513

Karl Marx & Friedrich Engels: Manifest der kommunistischen Partei, 1848

Ludwig Mises: Die Theorie des Geldes und der Umlaufsmittel, 1912

Ludwig Mises: Liberalismus, 1927

Ludwig Mises: Die Bürokratie 1944

Mancur Olson: Democracy, Dictatorship and Development, 1993

Mancur Olson: Macht und Wohlstand, kommunistischen und kapitalistischen Diktaturen entwachsen, 2002

Franz Oppenheimer: The State, 1914

Helmut Ortner: Wenn der Staat tötet: Eine Geschichte der Todesstrafe, 2017

Michael von Prollius (Hg.): The Standards II Filme aus der Freiheitsperspektive betrachtet, 2016

Ayn Rand: Für den Neuen Intellektuellen, 1960

Ayn Rand: Zurück in die Steinzeit, 2017 (Deutsch)

Barbara Rosenkranz: Menschinnen: Gender Mainstreaming – auf dem Weg zum geschlechtslosen Menschen, 2008

Murray Rothbard: For a New Liberty, 1973

Igor Schafarewitsch: Der Todestrieb in der Geschichte: Erscheinungsformen des Sozialismus, 1975

Jesús Huerta de Soto: Geld, Bankkredit und Konjunkturzyklen, 2011

Lysander Spooner: No Treason, 1867

Andreas Tögel: Flüchtlingswelle und Völkerwanderung: Die Zukunft Europas steht auf dem Spiel, 2016

IMPRESSUM

Andreas Tögel

SCHLUSS MIT LUSTIG
Wie die Babyboomer die Zukunft der Jugend ruinieren
1. Auflage

Verlag Frank&Frei, Wien 2018
ISBN: 978-3-903236-11-0

Titelgestaltung: Ingeborg Knaipp
Satz: derkapazunder.at

Karin Kneissl

WACHABLÖSE
Auf dem weg in eine chinesische Weltordnung
Verlag Frank&Frei, 2017
112 Seiten, 14,90 €
ISBN: 978-3-9504348-4-2

„Europa und die USA überschätzen ihre Bedeutung in der südlichen Hemisphäre, wo längst schon asiatische Handelspartner die wesentlichen Niederlassungen errichtet haben und an Zulauf gewinnen."
Karin Kneissl

Michael Hörl

DIE ARMUTSINDUSTRIE
Wie mit falschen Zahlen Politik gemacht wird
Verlag Frank&Frei, zweite, erweiterte Auflage 2018
114 Seiten, 14,90 €
ISBN: 978-3-903236-07-3

„Wenn die Bürger wüssten, wie unverschämt viele Armuts-Meldungen getürkt und teilweise offen gefälscht sind, sie wären richtig wütend."

Michael Hörl

Andreas Unterberger

ZWISCHEN LÜGENPRESSE UND FAKE NEWS
Eine Analyse
Verlag Frank&Frei, 2017
140 Seiten, 9,90 €
ISBN: 978-3-9504081-6-4

„Wahrheitsgetreue, objektive Berichterstattung in Medien ist in einer Demokratie nie durch die Obrigkeit durchsetzbar. Entscheidend kann immer nur das Vertrauen der Bürger in die Verlässlichkeit und Sorgfalt jedes einzelnen Mediums sein. Dieses aber haben viele alte wie neue Medien in einem sehr hohen Ausmaß verspielt."
Andreas Unterberger

Christoph Braunschweig, Bernhard Pichler,
Rodion Giniyatullin, Thomas A. Geks

DEUTSCHLAND ENTGLEIST
Wie sich eine Gesellschaft selbst ruiniert
Verlag Frank&Frei, 2017
205 Seiten, 14,90 €
ISBN: 978-3-9504348-3-5

„In Deutschland herrschen die politisch-medialen Herrschaftscliquen fast diktatorisch, nachdem sie einen Quasi-Staatsstreich von oben durchgestochen haben. Dieses Land hat in den letzten Jahren seine demokratische Grundsubstanz verloren."

Braunschweig, Pichler, Giniyatullin, Geks

Christian Günther l Werner Reichel (Hg.)

GENDERISMUS
Der Masterplan für die geschlechtslose Gesellschaft
Verlag Frank&Frei, zweite erweiterte Auflage, 2017
228 Seiten, 19,00 €
ISBN: 978-3-9504348-2-8

„*Heute erleben wir mit dem Genderismus den letzten Versuch des Sozialismus, die Illusion vom ‚neuen Menschen' aufrecht zu erhalten.*"
Wolfgang Leisenberg

Christian Günther, Werner Reichel (Hg.)

POPULISMUS
Das unerhörte Volk und seine Feinde
Verlag Frank&Frei, 2017
214 Seiten, 19,00 €
ISBN: 978-3-9504081-9-5

„Wenn es Europa nicht schleunigst gelingt, seine Gesellschaft zu ‚ökonomisieren', also betriebswirtschaftlich auszubilden, und seine Medien zu ‚demokratisieren', also auch nicht-linke Inhalte zu diskutieren, dann drohen dem Kontinent immer ärgere Schulden- und Finanzkrisen."
Michael Hörl

Das neue Magazin für Politik, Wirtschaft und Lebensstil

**Vier Ausgaben Frank&Frei für nur € 30,00
inkl. Versand* und Zugang zu den E-Paper-Ausgaben**

Jetzt bestellen: verlagfrankundfrei.at/shop

* innerhalb von Österreich / Abo Deutschland und EU € 42,00 inkl. Versand